柏木恵子
Keiko Kashiwagi

子どもが育つ条件

——家族心理学から考える

Eurus
Notus
Zephyrus

岩波新書
1142

はじめに

いま、日本社会では、子どもの「育ち」をめぐって様々な〝異変〟が取りざたされています。これまでも、度々、注目されてきた「不登校」や「引きこもり」。あるいは、そこまでの事態にいたらないまでも、意欲が低い、自己肯定感がもてない、他人とのコミュニケーションがうまくできない、といった日本の子どもたちの傾向が、諸外国と比較したデータなどで明らかになっています。こうした問題は、昨今、話題となっている「学力低下」の問題以上に、子どもたちが成長し、社会生活を営んでいくうえで深刻な問題といわざるを得ません。

特に、最近では、親をはじめ、身近な家族への暴力、さらには殺人にまでいたってしまう悲惨な事件が、連日のようにニュースなどで伝えられています。こうした事件が今日ほど頻繁に起きることは、これまでの親子関係、家族関係では、なかなか理解できないことです。

一方、子どもを育てる側、すなわち親の方はどうでしょうか。子どもへの虐待、育児放棄、あるいは生まれたばかりの子どもを遺棄してしまうといった問題が、数多く報告されています。また、それらの背景となる育児不安を訴える親の声も、拡大しているように思います。

そもそも、親になる前の段階で、今日の日本では非婚化や晩婚化が急速に進行しており、結婚しても子どもをもたない選択をするカップルも珍しくありません。離婚の増加も、中高年層で顕著にみられます。しばらく前までは、二三～二七歳あたりの〝適齢期〟にほとんどの人が結婚するような、〝皆婚社会〟だった日本においては、大きな変化といえるでしょう。

こうした現象を前にして、「日本の家族は危機だ」とか「日本の家族は崩壊する」といった言説が叫ばれています。そうした声の高まりを背景として「家族の再生」が強調されます。子どもが〝おかしく〟なっているのは、親のしつけのせい。今日の親は、好き勝手なことばかりしていて、子育てを放棄している。親は、もっと自分のことよりも、子ども(や家族)を献身的に支えるべきだ……。あるいは、非婚化、少子化の進行に対しても、「いまの女性は自分の好きなことだけして、子どもを産む義務を放棄している」などといった極論さえ出る始末です。

人間は誰もが子どもだった体験をもち、家族生活を経験しています。また自らが親でなくとも、次世代の子どもの育ちは、日本の将来に関わるために重要な関心事でもあります。それだけに誰もが、自らの経験をもとに「家族はこうすべき」「子どもへのしつけはこうあるべき」といった、家族論、家庭教育論などを展開しがちです。現に、いまの日本社会では、こうした論が、一般の場だけにとどまらず、行政の場においても様々に展開されています。いずれの論も、重要な示唆を含んでいるのかもしれません。けれども、それぞれの体験に根ざした論だけでは、今日の家族や子どもの育ちの問題は解決できませんし、逆にそうした論の広まりが、当の親や子どもを社会から孤立させてしまうことにもなりかねません。

こうした問題意識のうえで、本書では、心理学――とりわけ、発達心理学と家族心理学の研究成果をもとに、子どもの育ちや、それを取巻く親や家族のありようについて考えていきます。

男女が結婚して家族となり、子を産み育てる営みは、人類がその成立以来、営々と続けてきたことです。しかし、どのようにして家族が成立するのか、結婚のかたちや機能、親にとっての子どもの意味、親と子の関係のありようなどは、古今東西で同じではありません。時代により地域や社会、文化により様々です。社会が変化するとともに、それらも変化(進化、発展)してきたのです。すなわち、家族にとって進化、発展は、必然のことなのです。子どもの育ちや子育ての様態についても同様です。

本書では、家族の心理(夫婦や親子関係などの心理)がどのようになっているのか、どのように変化してきたのかを、家族心理学の研究に基づいて考察します。それを踏まえて、発達心理学の知見なども使いながら子どもの育ち、子育てのありようについて考えていきます。

「子どもの育ち」や「子育て」というと、とかく、親の側が子どもに何をしてやるべきかに関心が向かいがちです。特に、昨今、日本社会では「子どもをいかに育てるか」「どのように賢く育て上げるか」といった関心から、子どもの〝育て方〟がとかく偏重される傾向もあります。こうした、〝育て方〟への親の熱心な眼差しには、「子どもは自ら育つ」という重要な認識が往々にして欠けています。それゆえに、子どもの「育つ力」を奪ってしまうことにもつながっています。

と同時に、育てる側のおとな、すなわち親自身が成長・発達することが、実は子どもの育ちにとって重要であることも、今日の社会ではほとんど認識されていません。人間が誕生して死ぬまで、つまり子どものみならずおとなも成長・発達する事実を確認する必要があります。そうした認識に基づいた家族関係(親子や夫婦関係など)、家族と社会のあり方などを追究すべきです。最近、よく主張される「ワーク・ライフ・バランス」の確立も、こうした視点ぬきには、不可能といえるでしょう。

筆者は、長らく家族心理学と発達心理学の研究をしてきました。昨今の家族をめぐる問題やそれに対する様々な言説を見聞きする中で、これら心理学の知見を広く一般の人たちに伝えたいと考えました。そのことが、今日の家族や親子などの問題の解決の役に立つことを願っています。

目次

第1章　育児不安の心理

1　日本に顕著な育児不安——「母の手で」規範の陰に

現代の育児不安

日本の子育てをめぐる現象として顕著なのが「育児不安」です。育児をしている人、すなわち母親がイライラや不安を感じている、そうした心理をさす言葉です。この言葉は育児とは無縁な人でも知っています。それは育児不安という現象が一部の特殊な母親に限らず、程度の差はあれ、多くの母親に広くみられるからです。それが嵩じて育児放棄や虐待に陥ってしまうケースも少なくありません。

実は、この育児不安は日本に特徴的な現象なのです。他の多くの国でも、子育てをしているのは母親が中心ですが、日本のように育児不安に悩んでいる例はそれほど多くありません。育児不安への対策なども、日本ほどの問題にはなっていません。この違いは、いったいどこにあるのでしょうか。

この日本に顕著な育児不安は、昔からあったものではなく、比較的、最近の現象です。育児不安という言葉は、ここ二〇年ほどで使われるようになった新しい言葉です。女性は結婚し母親になり、母親になれば子を慈しみ子育てするのは当たり前とされます。そこに喜びや生き甲斐を見出しこそすれ、不安や不満を感じることなど、かつては考えられないことでした。事実、年輩世代の母親たちは「育児は生き甲斐(だった)」、「育児で成長できる(できた)」と、育児は自分の人生にとって、なによりもプラスの意味をもっていたと述懐しています。育児が不安や不満の源泉などとは、思ってもみないことだったのです。ところが、現今の母親には育児不安に類する感情が、広くみられるようになったのです。

こうした最近の母親たちの態度に、女性がわがままになった、育児をないがしろにしているなどと慨嘆し非難するのは、昔の母親たちの姿を知る者には無理からぬことでしょう。また、子どもの健やかな成長のための育児という大役を担っている者が不満や不安をもつなんて、とあきれ、叱咤激励したくなるのも当然のことかもしれません。では、育児不安とは、どのようなものでしょうか。いったいどのような要因が、そこに働いているのでしょうか。

素朴に考えますと、育児不安は、情緒不安定とか自制心がないなど、その女性に性格や道義上の問題があるのではないかと思うかもしれません。女性が自己中心的になったといった批判もあるように、当の女性の心がけや性格の問題によるという見方です。

しかし、育児不安についての研究が進んでいくに従って、その原因は、個人の性格などに帰してしまうだけでは、説明がつかないことがわかってきました。

「育児だけ」の不安と焦燥

育児不安を強めている要因の第一は、実は母親の職業の有無にあります。母親の職業といえば、働く母親は家族や子どもによくない影響があるのではないかなどといったことが、これまでも問われてきました。世間でも、働く母親の子どもに何か問題が起こると、母親が仕事をしているためにしつけがおろそかになっているなどと非難されることが多いものでした。特に三歳ぐらいまでの乳幼児をもつ母親が働くことに対しては、いまだに根強い批判があります。

このような一般の懸念をうけて、母親が職業をもっていることが子どものしつけに悪影響を与え、結果として子どもの発達に問題が生じるのだろうか、という因果関係を確かめる研究がさかんに行われました。しかしそうした研究の結果は、一般の懸念を否定し、それが根拠のない偏見や誤解であることを実証しています。母親が有職か無職かの違いは、子どもの発達になんら直接の影響はなく、それどころか、子どもの自立の発達については、有職の母親の子どもの方が優れている場合が少なくないことさえも明らかにされています。

しかも、育児不安について研究が一致して明らかにしたのは、無職の母親つまり専業で子の養育役割を担っている母親の方に育児不安が強いことでした。逆に有職の母親、とりわけフルタイムで仕事をしている母親は育児不安が低くなっています(図1-1)。

なぜ育児不安が無職の母親の方に強いのでしょうか。このことは何を意味しているのでしょうか。そのことを考えるには、母親がなぜ無職になるかという問題にまでさかのぼる必要があります。

日本の女性労働は、他の先進諸国とは際立った違いがあります。欧米諸国では、女性は学卒後就業し、中高年で退職するまで職業を継続するのが一般的です。もちろん、男性も同様です。ところが日本の女性は違います。学卒後就職しますが、三〇歳前後にかなりの人が退職して就業率は低下し、その後一部の人は復職しますが、復職せず職業に就かない人が少なくありません。そのため女性の労働力はM字型になるのです(図1-2)。三〇歳前後に大量に退職するのは、出産と育児のためです。これは、他国で女性が出産後も退職せず働きつづけるのと大きな違いです。

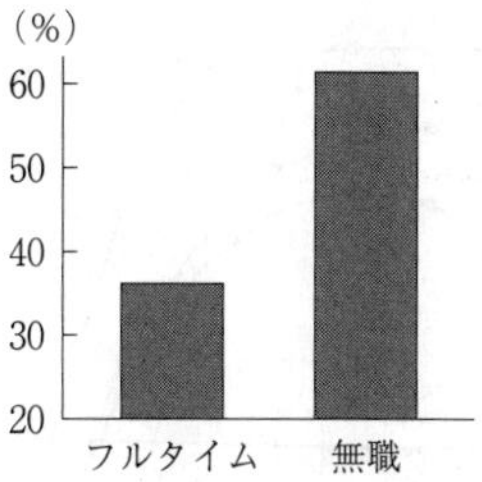

出所：横浜市教育委員会・預かり保育推進委員会「文部科学省預かり保育調査研究最終報告書」2001年

図1-1 有職の母親と無職の母親の育児ストレス(育児ストレスを感じる人の割合の比較)

なぜ日本では、女性が出産・育児で退職するのでしょうか。「三歳までは母の手で」という言葉があります。この言葉に象徴される考え方や、それに基づいた社会的慣習や制度が、日本の女性のM字型労働の根です。

私は、このM字型が顕著な埼玉県から委嘱されて「(仕事を)なぜ辞めるか、辞めるとどうな

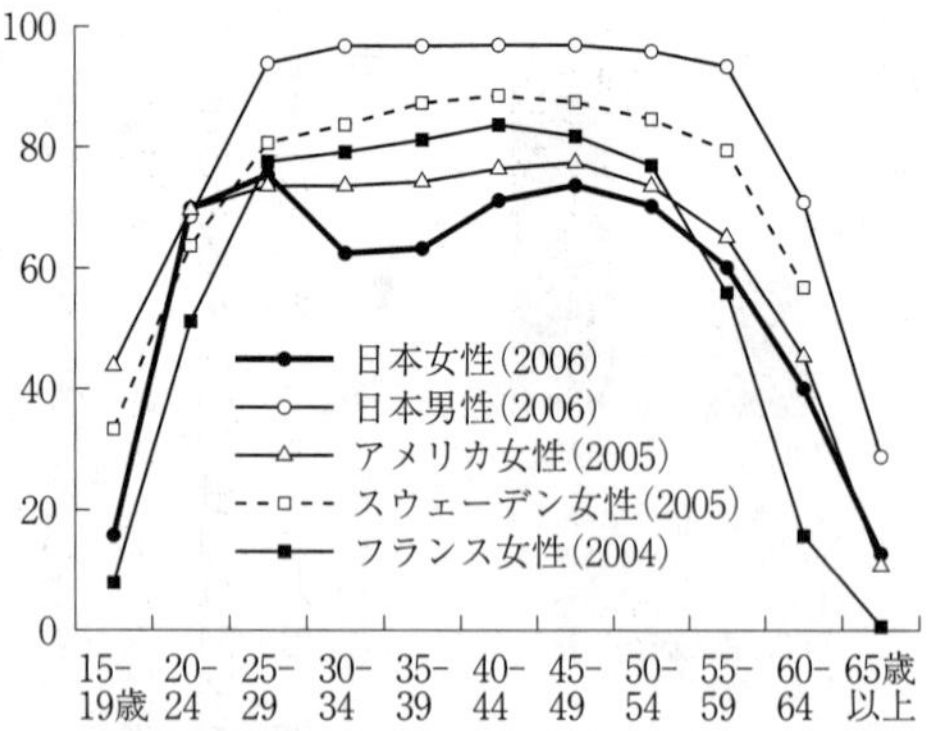

注：アメリカ，スウェーデンの「15-19歳」の欄は「16-19歳」である
出所：総務省「世界の統計2007」

図1-2　年齢別労働力率の国際比較

るか」について調査研究をしたことがあります(「育児期女性の就労中断に関する研究」二〇〇二年。埼玉県男女共同参画推進センター共同研究報告書)。

そこで明らかになったことの一つは、この「母の手で」という規範意識が、退職する女性本人以上に、周囲とりわけその配偶者である夫や夫の親たちに強いことでした。女性自身は出産後も働きつづけたいと思っていても、夫から「子育ては何といっても母親の役割」「自分は仕事に専心し稼ぎ手として頑張るから、その分、妻は育児を」といった説得にあって、退職するケースが少なくなかったのです。それに追い打ちをかけるかのように夫の親たちも、夫と同様の意見をするケースが少なくないのです。しかも、そうしたケースでは育児不安が強いこともわかりました。

このように(育児は)「母の手で」という規範が日本では広く浸透しており、これが女性労働をＭ字型にしているのです。

ちなみに「母の手で」がいまも強く存在している背景として、一九七九年に制定された家庭基盤充実施策と保育基本法の存在が指摘できます。そこでは家庭役割、とりわけ子どもの保育は主婦の役割とされています。これは、同じ年、国連が可決した「あらゆる男女差別を撤廃する法案」の精神とは真っ向から対立する性別分業の施策です。

こうした政府の方針と、男性労働者の安定の場を家族に期待する企業の支持によって、「母の手で」は広く日本の社会に根付くことになったのです。もちろんそこには、「母の手で」を支持する強い世論があったことも事実です。しかし育児を男女共同のこととする世界的な潮流への敏感な姿勢が欠けており、そのことが日本の父親の育児参加を極めて少なくし、母親の孤立や不安を醸成している今日の問題につながっています。

アイデンティティをめぐる迷いと不安

無職の母親とは「母の手で」を実践している母親にほかなりません。こうした「スローガン」を実践し、子育てをしている母親たちの方が育児不安が強いということは、皮肉なことではないでしょうか。

広く世界をみますと、生まれた子の養育を親が行うとは限らず、子どもを育てるのに最も適していると思われる夫婦に子が託されて、健やかに育てられている社会もあります。極北に住むヘア・インディアンはその典型です（原ひろ子『ヘア・インディアンとその世界』平凡社、一九八〇年）。今日の日本でも里親制度などが注目されてきています。実の親でないことを子どもに告げ、そのうえで里親として子どもを育てる新しい養親制度です。そうした制度でも、多くの養親たちは育児不安とは無縁で、父親と母親が協力して子育てをし、子どもも安定した関係の中で健やかに育っている場合がほとんどです。このような例を知ると、産みの母親がベストだという「母の手で」を信じこんでいるのは、とても視野の狭い考え方だとわかるでしょう。

育児不安について考えるうえで確認しておく必要があるのは、母親たちの不安や悩みは必ずしも育児や子どもについてだけではないことです。このことはとかく見落とされがちです。

育児不安を内容分析した研究は、母親の不安や悩みには、大きく分けて二種類あることを明らかにしています。その第一は、「子どもの行動にイライラする」「子どもの育ちに心配がある」「しつけがうまくいかない」など、育児と子どもについての不安や悩みです。

第二は、「母親であると共に自分の生き方も確立したいと焦る（が、なかなかできない）」「以前ほどものごとが楽しめなくなった」「親としての責任に縛られている（親である以外のことができない）」「友だちとつきあう機会が少なくなった」など、親としてではない生活や活動から疎外されていることに起因する不安や不満です。

この二種類を比べてみますと、第一の育児・子どもがらみの不安や焦燥よりも、第二の現在の自分についての心理的ストレスの方が、はるかに強いのです。育児不安というよりも、「現在のような生活をしていて、自分の人生はこれでいいのだろうか」といった、母親としてだけではなく一人のおとなとして、個人としてのアイデンティティをめぐる不安や焦燥といえるでしょう。

人間は現在を生きつつ、同時に未来をみて、未来の展望に立って生きる存在です。そして人の心――幸福感や充実感は、未来の希望や期待に大きく影響されます。現在はそれなりに生活していて外からは幸せにみえても、本人が未来に希望がもてない場合は不安や焦燥を感じ、幸福感を抱くことはできません。これは将来を展望する（できる）人間ならではの複雑な心理です。

母親たちは子どもを可愛いと思い、育児は大事だと考えています。そう思えばこそ、仕事を辞めて育児に専念する母親も多いのです。

しかし、いまはそう思っていても、その子どもはやがて自分から離れていきます。そして、母親もこれ以上何人も子どもを産もうとは考えていないとなると、育児という役割は早晩終ってしまうことは目にみえています。そうなった時、いったい自分はどうなってしまうのか。いまの生活では、自分のために使える時間もなく、自分の頭も力もさびついてしまい、自分は空っぽな存在になってしまうのではないか、あるいは、仕事を辞めてしまった自分に、はたして今後、再び職に就くことができるのか……。そうした不安がやがて訪れることとなります。

こうした不安や焦燥をもつことは、自分の幸福を将来の展望に立って考える人間にとっては、当然のことです。将来に希望がもてずに育児だけに拘束されている母親が、不安や焦燥が嵩じて育児放棄や虐待に陥ってしまうのは、けっして特異な現象ではありませんし、特殊な母親の問題でもないのです。

最近、「子どもは愛せる、でも育児は愛せない」という雑誌の見出しがありました。この見出しが示すように、子どもを愛することは、必ずしも育児という仕事を愛することにはならないのです。育児の大事さは認めつつも、それを何度もしたいとか、一生をそれに捧げたいとは思えないのです。

現在の母親のほとんどは、結婚や出産をする前に社会で働く経験をもっています。確かに仕事は大変ではあったけれども、自分の力や意欲が活かされ、社会とつながっている充実感を味わうこともできます。そうした経験があることも、現在の育児状況の閉塞感をさらに強めることになります。

子どもや育児そのものについての不安や疑問は、育児に慣れれば早晩解決します。ことがらによっては、専門家に相談する必要もあるかもしれません。けれども、自分についての不安や悩みはそう簡単に解決しません。うっかり不安だの不満だなどといえば、「お母さんなんでしょ。育児は大事な仕事、子どもが小さいうちは我慢しなさい」などと、いわれてしまう場合が少なくありません。

そのような言葉は母親たちの不安や不満を解消するどころか、自分の気持ちや状況をわかってもらえないと、母親たちをさらに自分の中に閉じこめることにもなりかねません。このように、育児や子ども自体の魅力だけでは充足できなくなっているのが、今日の母親です。

2　「子育てだけ」が招く社会的孤立

「私」の時間への願い

無職で育児に専念している母親の育児不安を分析すると、育児や子どもそのものに対する不安よりも、むしろ自分自身に対する不安の方が大きいということを、いまみてきました。そのことを、さらに詳しくみてみると、大別して三つの要素があることがわかります。第一は社会からの孤立感、第二は「自分」喪失の不安、第三は夫との関係への不満です。育児それ自体への不安というよりも、自分自身のあり方への不安や焦燥が大きな位置を占めていることがわかるでしょう。

第一と第二の要素は関連したものです。まずこの二つに注目して分析してみましょう。

育児ストレスに悩む母親たちと話し合う機会がありました。その時、一人の母親が次のようなことを語っていました。「子どもはかわいい、子育ても問題なくうまくやっている、そして子どもはすくすくと育っている。(自分自身も)いいお母さんだと思っている。また手抜きせずに家事をやり、主婦として妻としてよくやっていると思う。けれども何がストレスかといえば自分が「一人のおとなとして生きている」という実感がないこと」であると。これを聞いた同席の母親たちは皆共感しました。

そして別な母親は「社会から取り残されてしまっている」と話していました。他にも、「○○ちゃんのママ」「○○さんの奥さん」とだけで遇されていることへの不満を述べる母親や、ひとりの固有名詞をもった存在として生きたい、遇されたいと語る母親など、切実な声が次々と出ました。

ここには、育児や子どもとだけの生活、つまり社会的に孤立した状況では、母親たちが心理的安定を見出せない事情が縷々《るる》披瀝《ひれき》されています。育児や家事だけでは心理的に充たされなくなった今日の母親が、一人の女性としても生きたいと願う切実な心理は、いましっかりと受け止められているでしょうか。

こうした不安と不満が有職の母親では弱いのは、なぜでしょうか。彼女たちは、仕事と育児・家事の両立で多忙に違いありません。また育児の忙しさから、仕事が十分にできないとか、逆に、仕事のために子どもの相手が十分にできないなど、二つの役割間の葛藤も味わいます。しかし働く母親の場合は、そうした葛藤や多忙さはあっても充実感をもっています。職業生活の中で母親でも妻でもない、一人の個人としての時間と活動をもてているからです。そのことが心理的安定となり、深刻な育児不安に陥ることなく子どもに向き合っているのです。

専業の母親たちはよく「時間がない」「忙しい」といいます。家事・育児だけをしていて、しかも家事・育児自体は、かつてとは違い、様々な家電製品に紙おむつや離乳食など便利な物がそろい、省力化しているはずです。それなのになぜ時間がないのかと、不思議に思えるでしょう。しかし彼女たちが「ない」という「時間」とは、子どもや育児とは別な自分として生き、行動する時間なのです。つまり単なる物理的時間が問題なのではなく、心理的時間の問題といえるでしょう。

乳幼児をたった一人で育てることは、一時も眼がはなせず気を抜くこともできません。育児中の母親を対象にして行われた調査の中で「いま一番困っていることは?」との問いに対して、トップに「子どもがなかなか寝てくれない」という結果が出たことがあります。もちろん母親たちは、寝ないと子どもが睡眠不足で病気になるとか、死んでしまうなどと心配しているのではありません。子どもが眠っているその間に、子どもにわずらわされずに、自分のためにいろいろなことをしたいと願ってのことなのです。ここには一人で育児をしている母親が、誰からも妨害されずに自分が納得できるしかたで行動したいという、自分の時間への強い願いをみることができます。

ヴァージニア・ウルフが有名な著書『自分だけの部屋』の中で、人が自分の考えをもち一人のおとなとして生きるうえで、年に五〇〇ポンドの収入と鍵のかかる部屋が必要だと述べました。母親たちの求める「時間」は、自分のための時間・空間です。「忙しい」というのは物理的に多忙だというのではありません。自分のための時間がとれない、一個人として生活する時間がないとの嘆きにほかなりません。

仕事をもっている母親は家を出て、子どもから離れることによって、自分の時間・空間をもてます。その意味は実はとても大きいのです。ある父親は朝、妻子のいる家を出るとほっとして、これで電車の中は誰にも邪魔されずにゆっくりできると本音を述べています。これは、男性だけに限った心理ではないのです。

のちに詳しく述べますが、人間は生涯、発達する生き物です。かつては成長・発達といえば子どもの問題であり、おとなになるまでが発達だと考えられてきました。しかし最近の研究は人間の能力は発達しつづけ、しかも、それが人の充実感や幸福感の源泉であることを明らかにしています。育児と子ども相手だけの生活が、とかく母親を不安に陥らせるのは、このようなおとなとしての成長・発達の機会から疎外されているからです。

社会の変化の必然としての「個人化」

ここまでみてきたように、現代の女性、母親は、かつてに比べ「私」へのこだわりが強いといえるでしょう。その要因を探ってみましょう。かつての女性は、結婚前は親に扶養され、次には嫁として家事や育児をすることで夫とその家に扶養され、夫の死後は息子の家に引き取られて一生を終えるのが一般的でした。女性の一生は娘、妻、主婦、母という家に所属するものとしての生活で、一人の女性・個人として自立して生きることはほとんど不可能でしたし、その必要もありませんでした。

それが大きく変わりました。労働の機械化・情報化の結果、男性に有利な肉体労働は後退して女性にも職業世界が開かれました。家事の省力化、サービス業の増加も手伝って女性労働は促進されました。男性と同様、女性も職業をもち経済力をもつことになりました。娘、妻、嫁、母としてだけでなく、固有名詞をもった個人として生きる場をもてることになりました。女性の学歴も高くなり、社会的活動や職業に有用な能力を男性と同様に備えています。社会の変化が女性に「個」として生きる道を開いたのです。

いまの母親は学卒後、就職し職業体験をもっているのが一般的です。そこでは「〇〇家の娘」としてではなく、自分の名前、すなわち固有名詞をもった個人として遇されます。個人として自分の判断と力で行動することになります。この体験は責任もあり労苦も大きいものです。けれども、親や家、夫などとのしがらみから解放された自由や、自分の考えや力で生きる喜び、「個」として生き、行動する魅力などは大きいものです。この記憶は鮮明に残ります。職業からも社会からも疎外されてしまった母親が、「〇〇ちゃんのママ」でも「〇〇さんの奥さん」でもない自分自身の人生を望むのは無理のないことでしょう。

加えて長命と少子という人口動態上の変化は、女性が「個人として生きる」必要を迫りました。寿命が長くなったのに子どもは少ない。このことは長い人生の中で母役割の期間を大幅に短縮しました。母・妻という家族役割だけで一生を終えることは不可能となりました。昔、母親が平均六人ほどの子どもを産んでいた時代、母親は、そのすべての子を育て上げると、それからあまり年月を経ずに、寿命はつきていました。夫はすでに亡くなっていて、女手一つですべての子どもを育て上げることで、母親の人生は時間的にも、また心理的にも充足していたものでした。個人として生きたいなどと考える必要も余裕もありませんでした。長命と少子も、女性に「個」として生きることを迫り、心のあり方を変化させたのです。

「個」として生きたい、それができない不安や不満は母親個人の心がけの問題ではありません。時代、社会の変化が女性の人生と心とを変えた結果です。人間は未来をみる動物です。いまはひたすら育児に専念していても、育児が終った後、自分の将来はどうなるのか。そんなことを考えれば、不安にならざるを得ません。これらは女性だけの力では解決できません。社会の仕組みや考え方と関係があるからです。

自己資源の配分をめぐる葛藤

自分の時間が欲しいのに、忙しくてとれないという母親の願いは、単にがまんを要請したからといっても解消しません。そのことは、出産・育児が人間にとってどういうものかを原理的に考えてみると明らかです。

哺乳類である人間の繁殖は、妊娠―出産―子育てという一連の営みです。この営みは、親のもっている資源を子に投資することです。胎児の栄養補給も排泄処理も自動的に行われます。これは母胎が行っているのです。出産後も母からの栄養摂取は続き、排泄の始末をはじめ身体の安全と健康は親の世話に完全に依存しています。世話をする母親は、このために時間も心身のエネルギーも使います。このように妊娠から育児という一連の行為は、母親の時間、心身のエネルギーなど自己資源の投資や消費にほかなりません。

ところで妊娠・出産以前は、母親はこの資源をほとんど自分のために使っています。それが妊娠・出産後は子どものために大量に消費され、また投資しなければならないことになり、自分のために投資する余地がほとんどなくなってしまいます。その資源は、時間であれ、経済であれ、心身のエネルギーであれ、すべて有限です。この限りある資源が子どもと育児だけに大量にとられてしまいます。特に一人で育児していれば、専ら自分の資源を使うことになります。このことは当の母親にとっては大変なことです。

人間に限らず生物体は、二つの重要な課題をもっています。一つは個体自身の生存と発達——自分の心身が安全・快適に保持され成長していることです。もう一つは、種の保存——子孫を残すこと、つまり妊娠・出産・育児です。ところでこの二つには、いずれも時間、栄養、経済、心身など諸エネルギーが必要です。すると、これら有限の資源をどう二つの課題に投資するかが問題となります。どちらも必要なのに資源が有限であるために、その配分をめぐる葛藤が生じやすくなります。自分にも繁殖(つまり子ども)にもほどほどに配分されていれば、深刻な葛藤は起こりません。ところが、一方の育児だけに自分の資源が投資されてしまい、自分に配分できないと自己成長が不全となります。そうなると、自分と、子ども・育児との間に葛藤が生じます。

育児だけに専念している母親が抱く「時間がない」「自分が生きているという実感がない」という嘆きや不安は、まさに自分の資源がすっかり子どもにとられてしまい(つまり繁殖だけで)、自己生存や発達はないがしろになっていることから来ています。換言すれば、育児不安に陥っている母親は資源投資をめぐる葛藤のさなかにいるといえましょう。

このように、人間が有限の資源投資をめぐって葛藤する宿命をもっていることを考えますと、わが育児だけに専念している母親たちが「自分」にこだわり「自分の時間を」と願うことを、わがままだと切り捨ててしまうことはできないでしょう。子育てしている母親には、自分自身が成長・発達するための時間や空間、活動などを保障することが必要です。これは日本の社会の課題であり、のちに述べる子育て支援の重要なターゲットです。

育休をとった父親の不安

これまで母親の育児不安をみてきましたが、その育児不安は、母親・女性だけのものではありません。すなわち、母親・女性だから育児不安になるというのでは、もちろんありません。同じ状況になれば、男性も同様な気持ちを味わうことになります。

最近、少数ながら育児休暇をとる男性・父親がでてきました。以下は、その父親たちがどのような気持ちで育児しているかをつづったものです（菊池ふみ・柏木惠子「父親の育児」『文京学院大学人間学部紀要』九巻一号、二〇〇七年）。

［ケース1］

「夕方夕焼けを見ながら［子どもを］抱っこして、俺の人生これでいいのかなってほんと一瞬考えたよ、毎日毎日のように繰り返して。（中略）月〜金まで缶詰でしょ、土曜日は昼の一二時……お酒のみに行っちゃうの、（中略）日曜日はそれで午前中酔いつぶれて、月曜日の朝が絶望的な気分になるんだよね。また五日間始まるのかと思うとね。すごい気持ちが重いの」

［ケース2］

「そんなに甘くなかったですね。生活には慣れないし家事はたくさんあるし、子どもはずっとかまって欲しいし……。仕事休んで何か月ぐらいかはすごいそういう生活がストレスだった、仕事していた方が楽だったなーみたいなのもしばらくあった……。誰からも認められないみたいなね、（中略）社会から遮断されていて誰ともコミュニケーションをとらないし、誰も自分の存在をこう認めてくれてないような気が急にしてきちゃって」

［ケース3］

「ビービー泣かれるから……、大人の人と話したいと思った。（中略）そこ（ベランダ）から落としちゃおうかって一瞬思っちゃうこと……寝不足となんとなく神経がやられていたんだと思います」

子どもを自分の分身だと思う気持ちは、これまで母親の母性愛だと考えられてきました。ところが、子どもに対する父親と母親の感情を比較してみますと、母親よりも父親の方が「子どもは自分の分身」だと思っているのです。しかも育児しない父親ほどその気持ちが強いのです（柏木惠子・若松素子「「親となる」ことによる人格発達」『発達心理学研究』五巻一号、一九九四年六月）。このことは、子どもの世話を具体的にして育児の大変さを知れば、子どもは分身とか可愛いだけではすまなくなることを示唆しています。

いま紹介した父親の述懐には、母親の育児不安と同様に社会から孤立し、おとなとしての生活から疎外された不安や苦しみがみられます。なかには虐待の一歩手前という例さえみられます。育児だけという同じ立場におかれれば、男性も同様に不安を感じるのです。それはおとなとしての発達が閉ざされてしまう当然の結果です。これは、子どもが育つ環境としてもけっしてよいものではありません。育てる側が活き活きと育っていないのでは、安定した気持ちで子どもを育てることはできません。そのような環境のなかで子どもが育つわけがありません。

夫との関係への不満

前述したように育児不安の第三の要素は夫との関係です。仕事を辞めることは社会的孤立ですが、夫からの孤立も不安と不満の要素です。

夫は稼ぎ手として忙しく、朝慌ただしく家を出て、夜は遅く帰宅する生活。特に最近、企業は社員の数を減らし一人一人はますます忙しさを増しています。子どもの相手や妻とゆっくり話す時間もままならず、まして一緒に外出したり趣味を楽しむ機会もほとんどありません。こうした状況では、いつも一緒によく話をして、共通の趣味を楽しんだにちがいない、恋愛結婚夫婦の妻にとっては不満になるでしょう。

それだけではありません。「自分を子どもの母親としてだけしか認めてくれない」「子どもにばかり関心がいき、自分はないがしろにされている」といった夫への不満もあります。自分と夫との関係が変化してしまったことへの嘆きもあります。

かつて自分と夫は、友人として一緒に勉強し仕事も励まし合ってきたはずなのに、そうした二人の対等性が失われてしまったことを思い返さずにはいられません。自分には閉ざされてしまった職業と夫の活動を聞くにつけ、自分だって夫と同様に働いて業績も稼ぎも得られるはずだ、と思う妻は少なくありません。いや自分の方がもっとできると無念に思う妻もいます。友人として知り合って以来、夫の能力をよく知っている妻にとって、自分のおかれた状況と夫との間にできた大きな落差は無念でもあり、「ずるいんじゃない」と不公平感を募らせることにもなっています。次に紹介する新聞の投書は、そうした女性の心理を伝えています。

「私と夫は同じ大学の同学年生でした。学部は違いましたが、同じゼミで学び、同じスキー合宿に参加して、常に同等でした。

今、三歳の長女と九ヶ月の次女がいて、私は専業主婦。夫は仕事ばかりで、残業は毎日。休日出勤は当たり前で、家事も育児も関係ありません。転勤族で、近所との付き合いもなく、私は日々、子供と顔を突き合わせる生活です。

正直言って「こんなの、ずるいんじゃない？」という気持ちです。今まで男社会がつくってきた「子供、家族は女が……」という通りにすると、こういうことになるのです」

（『朝日新聞』投書欄　一九九一年三月七日付）

このような夫との関係についての不満は、恋愛結婚と女性の稼得可能性という社会の変化によってもたらされたものです。それは、夫と妻に対等な関係が可能でありながら、非対等な関係におかれている状況がもたらしたものです。

3　父親の育児不在という問題

母親の育児不安と父親の育児不在

父親になるが父親をしない、父親はいるが実際の育児に参加しない――こうした育児状況は日本の特徴です。生活時間調査は、日本の父親の育児時間が先進諸国の中で顕著に短いことを明らかにしています。乳幼児のいる父親の帰宅時間は平均二〇時で、二一時台が最多で一五・四％。二三時から翌朝五時までに帰宅する父親は二一・九％もいるという現状です(Benesse 教育研究開発センター「幼児の生活アンケート」二〇〇六年)。また総家事・育児時間に男性が占める割合は、欧米諸国では四〇〜三〇％であるのに対して、日本は一二・五％に過ぎません(厚生労働省委託UFJ総合研究所「子育て支援等に関する調査」二〇〇三年)。

日本の男性は、家族をもつが「家族はしない」、「父親になる」けれども「父親はしない」すなわち多くの場合、育児に父親不在といえるでしょう。このような父親不在状況は他国にあまり類がありません。これでは、子どもが起きている時間に父親はいないも同然、父親は子どもと遊ぶことも、まして育児することも到底できないでしょう。

父親は、遅く帰宅して子どもの寝顔をみると疲れも忘れ、明日への元気が出るといいます。

子どもの存在は、父親の慰めと活力源になっています。それは父親にとって素敵なことであり、そして子との絆や子への愛情を確認することにもなるでしょう。けれども寝顔しかみることのない父親の育児不在状況は、子どもにとっても、またもう一人の親である母親にとってもよい影響をもっていません。その端的なあらわれが、父親の育児参加が少ない母親に育児不安が強いという事実です。

まめに育児している父親とほとんど育児していない父親とを選び出して、その配偶者つまり母親たちがどのような気持ちで育児し生活しているかを比較しますと、配偶者が育児している母親では「子どもがかわいい」「育児は楽しい」といった肯定的な感情が強いのです。夫との共同育児が母親を心理的に安定させているといえるでしょう。

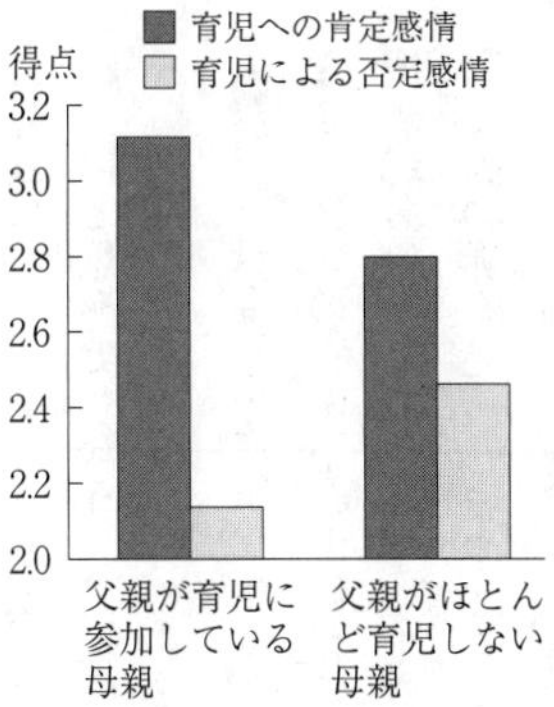

出所：柏木惠子・若松素子「「親となる」ことによる人格発達」『発達心理学研究』5巻1号，1994年6月

図1-3　父親の育児参加と母親の育児感情

これに対して、夫が育児しない場合、母親には肯定的な感情は乏しく、逆に「イライラする」「育児がつまらない」「子どもがいなければよかったと思う」など、子どもや育児に対する否定的な感情が強いのです(図1-3)。このような否定的な感情を味わ

った母親は、これをもう一度繰り返したくない、もうこれで子育てはたくさん、子どもは一人で精一杯と思うでしょう。父親の育児不在も少子化を推進している隠れた原因です。

人類の父親は進化の産物

なぜ、父親の育児不在が母親の心理にマイナスに作用するのでしょうか。それには、進化的な根拠があるのです。

広く動物界を見渡しますと、ほとんどの動物では子育てはメスがしています（実は、動物では子育てをしない種が断然多く、子育てをする種は全動物約一〇〇万種の中でほとんど鳥類と哺乳類に限られています）。オスは交尾してメスが妊娠すると、離れていってしまうのが通例です。つまりオスは精子の提供という形だけで種の保存・繁殖に貢献し、仔の誕生後の子育てはまったくせず、メスに任せているのです。ところがそうした動物の趨勢の中で、少数ながらメスの妊娠・出産後もオスは離れてしまわずにとどまり、生まれた仔の育児をする種があります。オスが単なる精子の提供者に終らず、育児をする、つまり「父親」になるのです。

オスの育児、すなわち「父親」の存在がみられる動物には、共通点があります。何らかの理由で育児に手がかかりメスだけでは育て切れない、つまり育児困難なことです。たとえば一度にたくさんのひなが誕生しメスだけでは十分な餌を運び切れず、全部が生き延びられない、食糧や安全な所へ仔を運搬する必要があるのに、生まれた仔の体重が重く、メスでは運搬が難しい、生息地が敵をはじめ危険が多く、メスだけでは防御できない、などといった場合です。いずれの場合もメスだけでは仔の生存は不可能で、オスが育児に加わることによって仔の安全と成長が保障されるのです。

このように、オスが単なる精子の提供に終らずに、育児に加わるのは、育児困難な状況に対処して繁殖を成功させるための戦略です。つまり、オスが父親に進化したのは「繁殖成功戦略」のためと考えられます。人類の父親は、その最たるものなのです。

人類の繁殖つまり養育、とりわけ誕生後の子育てほど、困難な種はほかにありません。人間の赤ちゃんほど未熟で無能な動物はありません。眠っている間に毛布が顔にかかっても、自分で払いのけることも顔をそむけることもできず、最悪の場合には窒息死してしまいます。したがって人間の育児は片時も目が離せず、労力も気も使う大変な仕事です。

また鳥や魚の仔育ては、せいぜい自分で餌をとれるまでで、それほど長い期間を要しません。親に運搬してもらっている仔ザルも、なんとか歩いて自分で餌をとれるようになれば親はもう餌はやりません。それどころか傍に寄って来る仔を攻撃して離れさせさえします。仔の自力歩行と自覚で親の役割は完了します。

これに比べると、人間の場合、歩く、あるいは言葉を発する、おむつがとれるなどは発達のほんの第一歩に過ぎません。話す、読む、書く、考える、礼儀・マナーを身につける、規律や道徳を知り遵守する、自分の価値観をもつなど、実に多様で広範なことを身につけさせることが求められます。それには他の動物にも比類のない、長い期間を要します。このように、子育てにおける課題の質量において、また時間において、人間の育児ほど大変な種はないのです。つまり人間は最も育児困難な種です。

こうした大変な育児を成功させ、種の保存を成功させるには、母親だけでは無理で、複数のおとなの関与が必須です。そこで、人類の男性は単なる精子の提供者に終らず、子の誕生後も女性・母親と子のもとにとどまり、食糧の調達、外敵からの防御、さらに子どもの世話などに関わることになりました。つまり、長期にわたる困難な育児を成功させる戦略として、人類の父親は進化したのです。

日本における父親の育児不在状況は、子育て＝繁殖成功の必需品として進化した機能が不全に陥っていることともいえます。繁殖成功のため進化した父親が不在・機能不全という状況が、一人奮闘している母親を不安に陥らせるのは当然のことです。一人では対処しきれないほど育児は大変で困難な課題なのです。

もっとも、このことは、母親以外の養育者が父親でなければダメということを意味していません。様々な文化社会の子育てをみますと、その担い手は複数であることが共通項で、それは父親、母親の親や兄弟姉妹、乳母など様々です。すなわち、誰であれ母親と心を合わせて子どもを愛し、その養育に関わる複数の人が必要なことを示唆しています。離婚や父親との死別などによる母子家庭の場合、ほとんどの子どもは保育園で保育士や友だち仲間の中で育ちますが、これはその意味で大変重要です。母親だけの単独育児を十分に補い、家庭だけで育児がなされるよりも、ずっと豊かな養育環境です。

これに対して、父親がいるのに育児せず実質的に子どもの生活圏におらず、子どもはほとんど母親とだけで生活しているような状況は、複数養育を欠いた状況です。これは子どもにとって問題であるだけでなく、同時に母親にとって重要な夫との共同を欠いた状態であり、パートナーシップ不在の状況です。

父親に必要な日常の育児

父親の育児不在、すなわち父親はいるのに育児せず、子どもの生活圏にはいない状況は、子どもの心理発達にマイナスに作用します。父親がいるのに、幼少時以来、父親との交流がない場合、青年の心理的健康は低いのです。

また子どもが父親をどうみているかを、子どもの世話をする父親とそうでない父親とで比較した調査があります。それによると家庭不在の父親を子どもたちは厳しくみて、低い評価をし

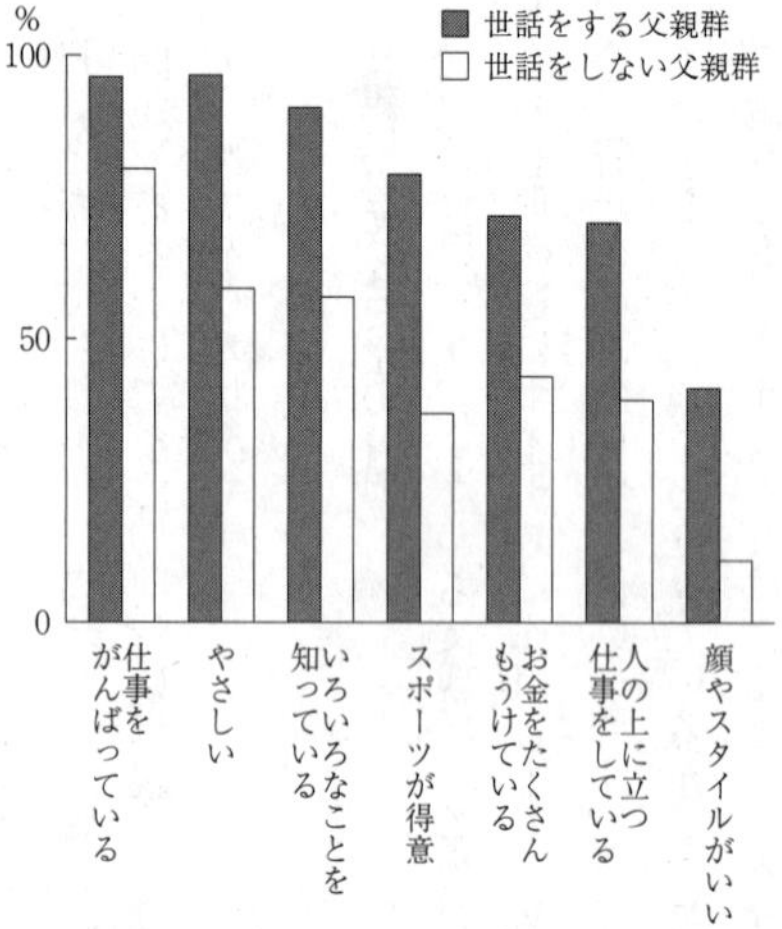

出所：深谷昌志「変わりつつある父親像」牧野カツコ，中野由美子，柏木惠子編『子どもの発達と父親の役割』ミネルヴァ書房，1996年

図 1-4　子どもは父親をどうみているか

ています(図1-4)。

のちにもみますが、最近、父親の子育てがしきりに喧伝されるようになっています。しかし、その内容は、平生はしないような特別なイベント的なことだったり、「教育ママ」以上の計画的教育路線だったりする場合も眼につきます。これまでの長い不在の埋め合わせのような観があります。

しかし、子どもやもう一人の親である妻が父親に求めているのは、もっと日常的なことです。すなわち夕食の席に父がいる、父と母とが子どもの傍らでゆっくり話をしている、子の問いに答える、といった日々の生活です。そうした日々のふれあいの中で、子どもは父親を知り、その魅力を発見し信頼を強めたり、妻は夫との共同育児によって二人の絆を強めることになります。そして父親も日々の何気ない子どもとのふれあいの中で、子どもの個性や関心、希望を知ることができるのです。

　ここで、最近遭遇した興味深い体験を紹介します。クリスマス直前の週末、児童書専門店で小学校三年生ぐらいの男児を連れた父親が、その子どもに本を買ってやろうとしている場面に居合わせました。「これはどう?」と父親が選んだ二冊の本をみて、子どもは「もっているよ!」と知らないのかといわんばかりの口調でいい、父親は憮然としていました。父親は善意いっぱいで、よい本をと思ったけれど、子どもの生活をまったく知らない。そんな父親に子どもがあいそをつかしている様子は、どちらも気の毒でした。日常において子どもと接点のない父親には、子どもの心がわからず、そんな父親の計画するイベントや教育路線は子どもの心に響くものになるとは到底思えません。

父親と母親は違うのか

　父親にも育児を、という意見に対して、子どもを産んだ女性にはかなわない、育児は母親に任せるのがいい、といった意見が出てきます。男女は子どもの養育について本質的に違うのでしょうか。

　哺乳類である人間は胎生と哺乳が特徴です。この二つはいずれもメスに備わった機能ですから、その限りではメスが絶対です。けれども先端生殖医療の進歩や人工乳の発明は、それらがまったく代替不可能とはいえない状況をつくりつつあります(母乳より人工乳で育てる方が多い社会さえあります。たとえばフランスがそうです）。他の哺乳類とは違って、科学技術が生殖や生育の過程を変えます。

そうはいっても、妊娠し授乳するのは母親です。子どもの扱いは、その母親にはかなわないと思われているようです。その結果でしょうか。日本はもちろんのこと、多くの社会で育児を主にしているのは、母親であることが断然多いのが現実です。

親のしつけや親子関係は、心理学ではかなり早い時期から活発に研究されてきた領域です。「親のしつけと子どもの性格」「親子関係による自立の発達」といった類のタイトルの研究は文字どおり山ほどありますが、その「親」とは、ほとんど母親のことを意味しているのです。これはなによりも、子どもを育てているのは母親だという現実のためですが、加えて子どもの発達には母親が重要だ（父親はそうではない）という暗黙知が、「親研究＝母親研究」という状況をつくり出してきたことは否めないでしょう。

このように、心理学の研究の世界でも長いこと「父親不在」だったのです。それが一九八〇年頃、「子どもの発達に貢献（影響）しているもう一人の親」として、〝父親〟がアメリカの心理学者マイケル・ラムによって〝発見〟されました。それを契機に父親研究が爆発的に増えました。それは、離婚の増加によって生じた母子家庭や父子家庭が子どもの発達に問題はないか、という実際的な懸念からでした。そこで精力的に研究されたのは、（これまで未発見・未研究の）父親は母親とは違うのかということでした。そうした研究結果は、「違う」に要約できるものでした。

たとえば、乳幼児を抱くとき、父親と母親とでは子どもにしてやることが違うというのです。母親はおむつや衣服を替えたり、食事をさせるなど世話することが多く、一方、父親の方は遊びが断然多く、しかも身体を使った遊びや珍しい遊びをしてやるといった差です。ここから、やはり母親と父親は違っており、こまごました世話にかけては母親にはかなわない、父親はせいぜい遊び相手になることだといった結論が引き出されたのです。女親と男親はやはり本質的に違うのだと考えられることにもなりました。

体験と責任が行動を変える

このような伝統的な研究の流れに、異論を唱えた研究が現れました。「父親と母親が違う」という結果は、男親と女親の差、つまり性の違いだけによるものではないことを、実証的に明らかにしたのです。

通常、育児は主に母親がやっていて、父親は二番手の立場で子どもの相手をしています。それまでの研究では、父親と母親の差は、男と女の差と、育児をどのような立場でしているか（主な責任者としてか二番手か）による違いとが区別されずに一緒にされていました。そこで、育

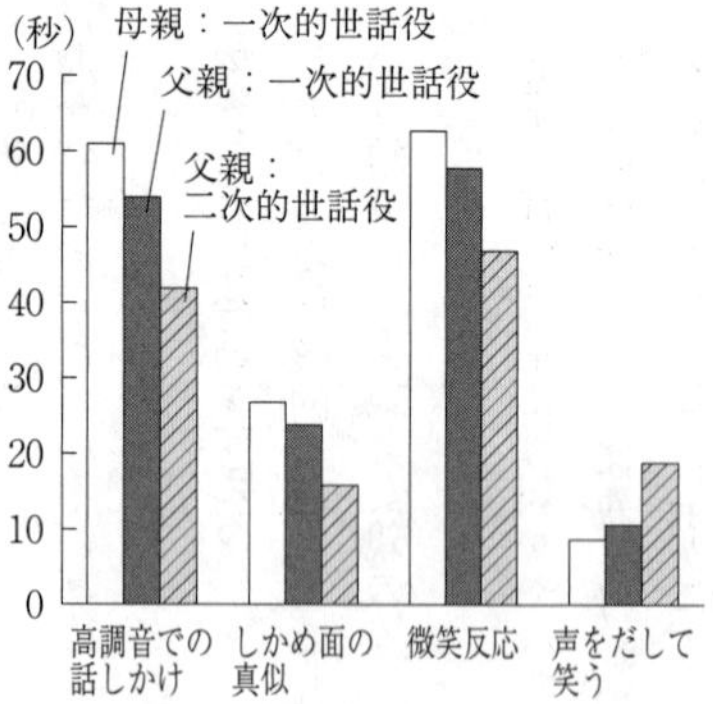

出所：Tiffany Field, 'interaction behaviors of primary versus secondary caretaker fathers', *Development Psychology*, Vol. 14, No. 2, March 1978

図 1-5　一次的父親，二次的父親，母親の子どもに対する行動

児をしている父親と、通常の二番手の父親を区別して、子どもへの態度や行動を比較した研究が現れることとなります。

結果は、父親と母親は違うものだとされていた、それまでの研究に驚きを与えました。主な養育者となっている（一次的世話役）父親は、そうでない二番手役割（二次的世話役）の父親とは随分違っており、そして主な養育者である父親の行動は母親と類似しているのです（図1-5）。このことは、男親が女親と違うのではなく、養育の第一責任者か二番手かが子どもへの行動や態度を決定していることを示しています。

先のラムの研究で父親は遊びが断然多いのは、食事や衣服交換などの世話は第一責任者である母親がやってくれているので父親がする必要はないからです。子どもの世話は誰かがしてくれていれば、母親も父親と同様に子どもと遊ぶことになるでしょう。

その後の研究も、育児責任と体験が行動を変化させることを確認しています。行動だけではありません。子どもへの感情も、父母の差ではなく、子どもの養育責任の立場によって違ってきます。育休をとった父親はまめやかな育児をする点で、母親と遜色ありません。しかも母親と同様に、子ども相手の生活にイライラしたり、一瞬子どもを離してしまいたくなる衝動にかられるほど、育児を疎ましく思ったりもしていることはすでにみました。仕事や社会から隔離され、子どもとだけの生活が不安や焦燥をつのらせるなど、そうした点でも父親と母親は同じなのです。これら一連の研究から、子どもや育児への態度や心理は男か女かによるのではなく、性を超えて養育責任と養育体験をもつことで育まれるものだといえるでしょう。

女だけが生まれつき子どもへの独特の愛情をもっている、すなわち「母性愛」が存在するとみなすべきではないのです。また女親は子育てが元々上手なのではありません。育児の責任を負い、子どもとの生活体験の中で、子育てのスキルが身についていくものなのです。

人類は、この点で育児本能をもつ動物とは違います。人間は性によらず血縁の有無によらず、小さく弱いものを慈しみ守り育てる心とスキルをもちうるのです。これは、他者の心を理解し、他者を援助しようとする心が進化した人間ならではのことです。父親は母親にはかなわない、育児は母親の仕事だと思い込んで、父親が育児から降りてしまう状況は、この人間ならではの心と力を無視しているとさえいえるでしょう。人類の父親は、困難な育児をつつがなく成功させるために進化したものともいえるのです。

育児不安と夫婦の関係不全

ここまで母親の育児不安を中心に父親の問題などもみてきました。しかし実は育児不安に限らず、子どもがどう育つかという問題は、その親たち夫婦の関係のあり方と密接に関連しています。

これまで心理学は、もっぱら親を子どものしつけや子どもの発達との関連でみてきましたが、最近ようやく、親同士つまり夫婦の関係の問題が重要であることに視点が移ってきました。父は名ばかりで職業人、母だけが子育てという性別分業は、妻の夫に対する不信、不満をつのらせ、「母子密着」「母子連合」をつくり、夫と妻の分裂を生み出します。このような両親の姿を子どもは歓迎していません。子にとって重要なのは、親のしつけや性格以上に、二人の親が夫婦として調和した関係にあることが臨床ケースからも明らかにされています。

第2章　「先回り育児」の加速がもたらすもの

——少子化時代の子どもの「育ち」——

前章では、親の育児不安を中心に、子どもが育つ環境として、親の側の問題をみてきました。子どもの側に眼を転じてみますと、子どもの「育ち」に最近いくつかの問題がみられます。引きこもりなどにみられる他者や社会との関係の不全。また「よい子の反乱」ともいうべき現象も目立ちます。すなわち優秀で素直な子どもが突然親に反抗し、極端な場合には、親の命を奪ってしまう「親殺し」などの事件にまでいたってしまうような、激しい親子間の葛藤も起きています。

これらの問題の大きな背景として、少子化の進展と、親にとっての子どもの価値の変化が指摘できます。本章では、こうした変化が何をもたらしているのかを分析しながら、いま、子どもの「育ち」に起きている問題を検証したいと思います。

1　変わる子どもの価値——子どもを「つくる」時代の親の心理

「子どもは宝」は本当なのか

少子化は、高齢化と並ぶ今日の日本の特徴として、ことあるごとに言及されています。そのトーンは明るくなく、日本社会の将来にもかかわる大問題であり、それをなんとか阻止しなければという否定的な論調が目立ちます。最近広まりつつある子育て支援も、少子化対策の趣さえうかがえます。

しかし、少子化現象の経緯を振り返ってみますと、ことはそう単純ではありません。きょうだいが四〜五人はいた戦前からみますと、子どもは一人か二人となり、確かに少子は一目瞭然です。子どもをもたない夫婦も、いまや珍しくありません。合計特殊出生率(一人の女性が一生に産む子どもの数の指標)は一・二六(二〇〇五年)で、人口維持水準(人口が前世代の数値を下回らず維持される水準)である二・一を大きく下回っています。このままでは日本人が減少していくことは確かでしょう。

ところで、日本では戦後のベビーブームの後、子どもの数は急速に減少し、少子化はこの時点ですでに始まっていました。世界の多くの国々で、戦後ベビーブームが起こりました。ところが、これが短期間で終息して、子どもが二人程度に定着した日本の現象は、他国と比しても珍しいのです。ここに今日の少子化の根があり、少子化の意味を考えるキーがあります。

戦前は富国強兵政策の下、政府は多産を奨励しました。多産の母親を顕彰する一方、今日では常識である家族計画や妊娠調節は認められませんでした。たとえば女性の健康を蝕《むしば》み貧困を招く多産を防ぐために、産児制限を提唱したアメリカのサンガー夫人が来日した際(一九二二年初来日)には、その考えを支持する運動が弾圧されたりしたのです。戦後、状況は変化しました。戦後の家族をとり巻く状況は家屋も食糧も衣服も乏しく、「産めよ、殖やせよ」は不向きであり、多産は望ましいことではなくなりました。ただし戦前に多産を奨励したように政府があからさまに少産を喧伝できなくなった代わりに、「子ども二人で豊かな生活」といった論調が、戦後、頻繁に新聞紙上などに登場し、国民の共感を得ました。

どの家庭でも戦中以来、困窮した生活が続いていました。一方、それまで閉ざされていた欧米の豊かな生活を見聞することになり、貧しい現在の生活から脱して、早く豊かな生活をしたいとの強い願いを共有しました。それを果たすためには、一挙に収入を増やすことは不可能です。そこで子どもを少なくする、せいぜい二人にするのは、豊かな生活にする効果的な策として受け入れられたのです。おとなの生活の豊かさと子どもの数とがはかりにかけられた、といえるでしょう。

こうしたことなどを背景に「子どもは二人」が急速に定着しました。「子どもは二人」がいいという考えが人々の間に広く共有され、他国に例をみないスピードでベビーブームから脱したのです。

一九七〇年代まで合計特殊出生率は二以上のレベルで、人口置換水準は確保されていましたが、一九七五年、合計特殊出生率が二を割り、その後数値は下回るばかりです。数値以上に重要なのは、子どもの数と生活の豊かさとをトレードオフにしたということです。豊かな生活の方が目標で、その目標達成のために子どもの数を減らしたのです。このことを人々が明確に意識していたか否かは不明ですが、「子ども二人で豊かな生活」というキャッチフレーズには、そのことが明示されています。

日本では古くから、子どもは世のいかなるものにも勝る宝だと考えられてきました。この「子宝思想」はいま、どうなっているのでしょうか。もし多くの人が、子どもをなにものにも勝る宝だと思っているなら、「豊かな生活」と引き換えに子どもを少なくすることなど起こらないでしょう。少子化が進んでいる背景には、子どもをおとなの生活と比較して考えるようになった、つまり、子どもを絶対の「宝」とは考えなくなった態度の変化を無視することはできません。子は無条件の「宝」ではなくなったのです。これは画期的な変化で、少子化の隠れた、しかし本質的な要因です。

「子宝思想」と育児放棄、虐待の間

このように、子どもの生命とおとなの生活がトレードオフの関係となったのですが、実は、これはいまに始まったことではありません。

現在、「子どもを「つくる」」といういい方が広く使われています。「つくる」といういい方には、親の側の「つくる」「つくらない」といった意思が入っています。今日、子を「つくる」ことが当然視されたことで、このトレードオフの関係が鮮明になったのです。技術的にも道義的にも避妊が不可能で、事前に「つくる」「つくらない」が決められなかった時代には、このトレードオフが育児放棄や、子どもの命を奪ってしまう「子殺し」など、もっと残酷な形でしかも頻繁にされていたのです。

人類の歴史をさかのぼってみますと、育児放棄や「子殺し」は古くから世界の諸処で起こっていました。それもけっして稀ではなかったのです。母性と人類の子育てを進化的資料と文化人類学的資料を駆使して検討した、サラ・ブラハ・ハーディーの大著『マザー・ネイチャー』(塩原通緒訳、上下、早川書房、二〇〇五年)は、この間の事情を明らかにしています。

同書によると、殺人、特に「子殺し」を大罪とするキリスト教が道徳の基盤として広まった後も、ヨーロッパでは「子殺し」や子の遺棄は稀ではありませんでした。親たちの生活や希望におかまいなく次々に子が生まれてきた時代、それは同時に生活も今日とは比較にならないほど貧しく厳しいものでした。

手のかかる幼い子どもがすでに何人もいたり、年老いた親や病人もいて、しかも、災害や飢饉など人命を脅かす現象が頻繁に起きるような過酷な状況では、生まれてきた子を育てることは家族の生存をあやうくするものでした。当時「子殺し」に対して「覆いかぶさり」という婉曲な表現が使われましたが、乳児の世話をしている者(多くは母親)が子に「覆いかぶさ」って、子は息ができなくなり、命を落とすケースが少なくなかったとのことです。いまでいう無呼吸症候や乳幼児突然死症候群などの届出が頻繁にあり、それは〝自然に〟そうなったのではなく「覆いかぶさり」によるもの、つまり「子殺し」だったとハーディーは記しています。産んだ子どもをすべて育てることは贅沢だったとさえいえるのです。

「子捨て」はもっと頻繁でした。自分で子どもを育てることができない窮地に陥った親たちは「子捨て」をしました。そして道端や側溝、よその家の前に捨てられる子どもたちを死なせないために、孤児院がつくられました。今日では「街中が美術館」といわれるフィレンツェには、「無垢な者のための慈善施設」という名の世界初の孤児院があります。それは一四四五年に創立された施設ですが、そこに残されている記録によりますと最初の年は年間九〇人だったのが、次第に増えて年間五〇〇〇人もの乳幼児が近隣のトスカーナ地域から捨てにこられたとのことです。

こうした捨てられた子どものための孤児院は、一六世紀から一八世紀にはイギリスにもロシアにもありました。子どもの遺棄は、生活苦のため養育できない親や、婚外子を産んだ女性などが、子の命をなんとか救いたいと思って行った苦渋の行為であり、孤児院はそれを救済しようとの策だったのです。

日本でも同様でした。江戸時代の農村でも飢饉や貧困、年寄りや子どもなど家族の病気、度重なる出産による妻の健康への心配、さらには不義の子であるなど切羽詰まった状況から、生まれてきた嬰児を亡きものにする「押し返し」「子返し」という圧死が稀ではなかったとのことです。このことを、子どもへの愛情が欠けている、おとな本意の行為と決めつけることはできません。子どもへの熱い思いを抱きながらも、これ以上の子どもは、いまいる子どもや家族の生存を脅かす脅威から、止むにやまれぬ苦渋の選択だったと、太田素子の著書『子宝と子返し』(藤原書店、二〇〇七年)は指摘しています。

日本に「子殺し」が多いのはなぜか

もちろん今日では、こうした事情は変わっていますが、親が子どもを殺してしまうケースは、現在でも起きています。特に日本では、殺人は戦後急速に減少し、他国と比較しても、とても少ないという特徴がありますが、その一方で、血縁者間の殺人は他国より多く、とりわけ母親の「子殺し」が多いという特徴が指摘されています(長谷川寿一、長谷川真理子「戦後日本の殺人動向」『科学』二〇〇〇年七月号)。このことは、どういう意味をもっているのでしょうか。

哺乳類である人間の繁殖、すなわち妊娠・出産・授乳を含む育児は、メス・女性に、オス・男性とは比較にならない多大の負担、自己資源の投資を要求します。通常はこれが何ごともなく行われていますが、その負担があまりにも過重で、自分の資源がすべて子どもと育児に費やされ母親自身の生活や存在を脅かすほどになったとき、子さえいなければと衝動的に暴走してしまう危険をはらんでいます。

どの社会でも殺人に対しては、道徳をはじめとして強い抑止力が働きます。けれどもその抑止力を凌駕するほど強い苦難、絶望、激怒、憎悪、嫉妬などの感情を抱いた時、殺人という行為にいたってしまうものだと進化心理学は考えます。母親の「子殺し」もその一つです。

日本は先進国の中では殺人が少ないにもかかわらず、母親による「子殺し」が多いという事実は、子育ての負担が女性だけに偏っていることと密接な関連があると考えられます。母親による「子殺し」を分析した研究によりますと、子どもを殺してしまうケースは、婚外子や父親と離別した母子の場合に多くなっています。その要因は、婚外子に対する社会の強い偏見や差別、あるいは、離別した父親の扶養費支払いが少なかったり、その一方で幼い子どもを抱えた母親が正規の職に就くのが難しいなど、母親側の心理的・経済的な負担が大きいことが考えられます。そのことが、結果的に、母親を社会から孤立させ、最悪の場合には、「子殺し」へと向かわせてしまう温床となっていることがわかります。

二〇〇七年、熊本市の病院に「赤ちゃんポスト」が設置されました。様々な事情で子どもを育てられない親から匿名で赤ちゃんを預かるためのもので、病院の側には「捨てられ、失われる命を救いたい」との思いがあります。これについては賛否の論議がしきりです。ただし、先述したようなヨーロッパや日本の江戸時代のことを知れば、「赤ちゃんポスト」の発想はそれほど奇想天外なことでもなく、また非人間的な行為だとも断定できないことがわかるでしょう。しかしその一方で、今日の豊かな日本でなぜ子を遺棄するのか疑問であり、問題だと思うかもしれません。確かに、生活条件も育児事情も大きく変化しています。当時に比べれば生活苦は軽いものでしょう。

それでも子どもを育てることが重荷となり、育児を回避しようとする母親は少なからずいるのです。そのことは、むしろ、いま述べたように、子どもを育てることについての社会的条件の不備が大きく作用しているのです。こうした母親を子への愛情が足りないなどと非難してしまってすむでしょうか。それよりも、そうせざるを得ない母親の事情、背景などを、まずは十分に検討する必要があります。

少子はかつてもあった

もう一つ、少子化を考えるうえで忘れてはならないことがあります。いまや、「子どもは二人」が普通になりました。このことを三〇～四〇年前、子どもが五、六人いた頃と比べて、昔はきょうだいが多かった、賑やかだった、それなのにいまは二人しか子どもがいない……などと悲観的に考える傾向があります。

けれども「夫婦に子どもは二人しかいない」ということは、なにもいまに始まったことではありません。実は二〇〇～三〇〇年ほど前でも、夫婦が残す子どもは二人ぐらいが常態でした。わかりやすい例が約二〇〇年前の音楽家モーツァルト家の場合です。モーツァルトは若くして死にましたので、妻コンスタンツェとの結婚生活はわずか九年という短いものでした。その九年間に、コンスタンツェは六人もの子どもを産みました。けれども、そのうちの四人はごく幼いうちに次々と死んでしまい、モーツァルトが亡くなったとき、コンスタンツェに残された遺児は二人でした。

モーツァルト家でも、最後は、夫婦に子どもは二人だったわけです。これは数のうえでは今日の日本の家庭と同様です。かつては、きょうだいが多かったのに、いまはたった二人とすると、少子化を強く印象づけられます。しかし一家に子どもは二人ということは、歴史からみれば、すでに経験済みのことなのです。

重要なのは、子どもは二人という点では同じでも、今日の家族とモーツァルト家とではその子どもの出生のしかたが根本的に違っていることです。モーツァルト夫妻に限らず、当時は〈結婚(する)―性(交する)―妊娠・生殖〉という順序で事が運び、その結果として子どもが誕生しました。モーツァルト家では九年という短い期間に、コンスタンツェが六人もの子を次々と身ごもり出産しましたが、そのうちの四人は死んでしまっています。つまり残った二人の子どもの命の陰にこの四人もの命があったのです。このような事情は、今日の私たちには想像を絶する厳しいものです。次々と子が誕生する繁殖力の強さと、他方で次々と子どもが死んでしまうはかなさが大変印象的です。

「少死」から「少子」へ

現在はどうでしょう。〈結婚―性―生殖〉の連鎖は完全に切れました。また順不同にもなりました。結婚前に性があることは普通ですし、セックスしても妊娠を避けることは可能になり妊娠と生殖は直結するものではなくなりました。結婚した夫婦でもセックスレスの場合もあります。

このような状況にあるいま、夫婦がもつ二人の子どもは、「子どもは二人」と決めて産んだ結果の二人です。子どもは、「二人」という点では、モーツァルト家の場合と同じです。けれども決定的に異なるのは、子どもの誕生に親の計画や意思が入っているか否かです。今日の二人という数は親が決めた結果です。それは、産めば必ず育つ、子は死なないという「少死」を前提にしての「少子」です。

この変化は人類史上画期的なものです。そしてこのことは、妊娠をめぐる女性の哀感にも大きな変化をもたらしました。おそらくモーツァルト夫人はあのように次々と妊娠・出産したいと願ったのではないでしょう。新婚時代を二人で楽しみたいとか、四人ぐらいを生んだころにはもうこれでいいなどと、思ったかもしれません。これはあながち勝手な空想ではありません。

一八世紀後半から一九世紀初頭に、優れた作品を残したイギリスの小説家ジェイン・オースティンはたくさんの手紙を残しています。その中に共通の知人や友人と出会ったときの様子をつづった姉宛のものがありますが、大変印象的なのは出会った知人が妊娠していることを伝えているくだりです。

〔一八〇七年二月八日〜九日〕
「ディーズ夫人がまたまた子供を産むことも嘆くべきでしょう。」
〔一八〇八年一〇年一日〜二日〕
「〔ティルソン夫人は〕可哀相な人！　なんだってまた妊娠しているのでしょう？」
（新井潤美編訳『ジェイン・オースティンの手紙』岩波文庫、二〇〇四年。傍点引用者）

親しい知人の妊娠を、オースティンは「おめでとう！」とは受け止めていないのです。ほかの手紙を丹念にみても、「おめでとう！」と妊娠を記しているところは、まったく見当たりません。妊娠は結婚した以上、自然に起こることであり、教会は子孫の繁栄を祝福し、夫も喜んでいたに違いありません。けれども女性にとって、妊娠は自分の健康や生死さえ脅かし、子育てや生活の労苦を予想させる、けっしてバラ色のものではありませんでした。「嘆くべき」「可哀相」という他言をはばかられるオースティンの言葉は、親密な姉だからこそ書けた、当時の女性の本音でしょう。九年間に六回も妊娠・出産したコンスタンツェにとっても、おそらく同じでしょう。

このことは昔に限ったことではありません。お産が安全となった今日でも、妊娠・出産・育児は女性にとって幸福であり、喜びであるとは限りません。ですから、のちにみるように「つくる」か否か、子どもと他の価値とを比較検討するのです。その意味では状況は変化したとはいえ、現在にも通じる女性の本音を伝える記録です。

「授かる子」から「つくる子」へ

いま述べたようにかつての少子は、多死の結果、「少子になった」ことを見逃してはなりません。一方、今日の少子は、少死を前提に「少子にした」結果なのです。

医学の進歩と栄養、衛生・改善も手伝って、乳幼児死亡率は戦後、飛躍的に低下しました。その結果、親たちは「産めば必ず育つ」という確信をもつことができました。そこへ「子ども二人で豊かな生活」との思いが結びついたのです。医学の進歩は妊娠の仕組みを解明して、確実で安全な受胎調節の技術をもたらしました。この技術が「子ども二人」にするために用いられるようになり、子ども二人が実現しました。

子どもの命は結婚と性の結果「授かる」ものであったのが、親の意思や決断によって「つくる」ものへと変化したことは、画期的なことです。「人口革命」ともいわれます。少子化という数の問題以上に、子どもの命の現れ方が決定的に変質した「人口革命」こそ、親子の問題を考えるうえで重要です。

子の命を親の意思と決断の下に置くこととした「人口革命」は、子を親の選択の対象としたことをも意味しています。「つくる」ことも選択であれば、「つくらない」ことも選択です。また、「いつつくる」か、「何人つくる」かも、親が選択し決定する事項となりました。子どもは次々と生まれてくるものではなくなり、自分たちが決定し、決めた時期に決めた数の子をつくることになりました。子どもをもつことが、「授かる」という受け身のものだったのが、「産む」「つくる」という意思的な行為となったのです。

相対化する子どもの価値

子どもは「つくる」か「つくらない」かの選択の対象となったというと、子どもを粗末にしているように感じる人もいるかもしれません。しかし、そもそも子どもの価値は、何ものにも勝る絶対的なものではありません。

「子どもはあなたにどのようなメリットを与えてくれますか」と尋ねますと、発展途上国の親たちは「子どもは働き手として役立つ」とか「稼いで家計を助けてくれる」といった実用的、経済的な価値をあげます。けれども日本をはじめとする先進諸国では「家庭が明るくなる」「生き甲斐になる」「夫婦の絆が強まる」など、心理的価値を子どもに期待します。そこでは、子どもに労働や経済力を期待するなど考えられません。このように、子どもに何を期待するかは社会の状況によって変化するもので、子どもの価値は唯一絶対なものではなく、あくまで相対的なものなのです。

子どもの実用的、経済的価値が大きい社会では、男子の価値が高くなります。日本もかつてはそうでした。労働はほとんど肉体労働でしたから、男子は貴重な稼ぎ手であり、しかも家の相続も親の扶養も男子でしたから、男子誕生が渇望されました。女子ばかりが生まれると、〝女腹〟とさげすまれたりもしたのです。価値の低い女子には栄養や病気の治療も男子のようには与えられず、そうしたことも女子の寿命が男子よりも短かったことに関係しています。

そうはいっても「子どもは宝ですか？」と尋ねられれば、多くの日本人は「そうです、宝です」と答えるでしょう。にもかかわらず、少子化が進行しています。「子どもは宝」と答えるのは嘘ではないにしても、本音は必ずしもそうではないのです。それは子どもを産む理由、産まない理由にみることができます。

子どもを産むか、産まないかの判断は、親の選択事項となりました。すると、子どもが親の意思や選択とは無関係に生まれてくる(授かる)時には考える必要がなかったことが、浮上してきます。それは産むか否か、あるいはいつ産むか、何人産むかの決断です。何事であれ選択できるとなりますと、それがどんな価値をもたらすか、他と比べて価値が大きいか、デメリットはないか、などを考えるものです。子を「つくる」ことを決定する場合も同様です。

子どもを産む理由

親が産むことを決める際に考慮した条件をみますと、子どもが絶対的価値をもつものではないことがわかります。表2-1は一九九〇年の時点で三〇歳代の母親が、第一子を産んだときにどのようなことを考慮したかをまとめたものです。これをみますと、子どもを産むことを決める際、親は、子どもがどのような価値をもたらしてくれるかといったことを考えるだけではないことがよく表れています。子ども以外のものと比べてどちらが大事かという、比較検討もなされます。また子どもを選択すると何を失うか、つまり子どもをもつことのデメリットも同時に考慮するのです。

表2-1　30歳代母親が第一子を産むことを決めた理由

二人だけの生活は十分楽しんだから
妊娠・出産を経験したいから
夫婦関係が安定したので
年をとったときいないと淋しい
生活に変化が生まれる
自分の生活に区切りがついたから
経済的なゆとりができたから
仕事が軌道にのったので
手伝ってくれる人がいたので
よい保育園があったから

出所：柏木惠子，永久ひさ子「女性における子どもの価値」『教育心理学研究』47巻，1999年

表2-2　一人しか産まなかった理由

自分のことをする時間がなくなる
また子育てするのは億劫
生活のリズムを崩したくない
生まれてくる子どもの健康が心配
子どもに生きよい社会や地球環境ではない
迷っているうちに機を逸した
以前の妊娠・出産が大変だった
子どもが多いとお金がかかる
子どもや子育てが好きではない
教育や受験を思うと気が重い
一人の子に十分なことをしてやれない
教育費がかかる
子どもの数だけ気苦労が増える
夫が子育てに非協力的
子どもは欲しいだけ産んだ

出所：柏木惠子，永久ひさ子「子どもの価値研究」(LACCP報告)2000年

すなわち子どもをもつことが自分の仕事や経済的条件、夫との生活などと比較検討されている事情や、自分たちの生活条件が優先されている事情などが、表2-1からはみてとれるでしょう。さらに、子どもを産むのを一人でやめた理由（表2-2）には、その事情がもっと端的にみられます。

ここにあるように様々なメリット、デメリットを考慮して、産むか産まないかを決めること

は、現在六〇歳以上の母親ではあまり考えられないことでした。六〇歳代の母親では「結婚したら子どもをもつのは普通」「次の世代をつくるのは務め」「家の名前や墓を継ぐ」などが主要な理由でした。こうした社会的責任や当然という考えは、若い世代ではずっと後退しています。

このように、子どもを選択の対象とした「人口革命」は子どもの価値が相対的なものであることをあらわにしました。若い世代の母親が子どもを「つくる」理由には、これまで潜在的であった子どもの価値のマイナス面がはっきりとみられます。モーツァルト夫人やオースティンの知人たちが妊娠した時に憂慮したかもしれないことを、いまは公然と事前に検討でき、そのうえで「つくる」ことも「つくらない」こともできるようになったのです。

育児は母親の有限資源の投資

すでに前章で述べましたが、人間の繁殖、すなわち妊娠・出産・育児は親、とりわけ母親の資源を子に投資する営みです。その資源は無限ではなく、自分のためにも必要な資源であるために、その資源をどう投資するか、何に投資するかが問題になります。そしてそれがうまくいかないと、子どもや育児と、自分の欲求とが葛藤する状態になります。

今日の親たちが「つくる」前に様々な理由を比較検討することは、限られた自分の資源、すなわち時間や経済、体力、あるいは精神的、心理的なエネルギーを、子どもと自分にどううまく配分できるかを検討していることだとみることができます。

避妊が技術的にも道義的にも不可能だった時代では、どんなに大変でも、子どもは「授かる」ものとして受け止めるしかありませんでした。けれども葛藤がないわけではありません。大きな葛藤が予測される場合には、何らかの方法で中絶しようとしたり、生まれてきた子を放棄したりしたのです。このことを考えると、今日、事前に子どもの価値を比較検討し「つくる」か否かを決定できるようになったことは非難されるべきではないでしょう。事前に検討した結果、葛藤の回避がうまくできれば、子どもも母親も幸せになるはずです。

この事前の検討が甘かったり、あるいは事前には予測し難い葛藤が子育てと自分の間に生じる場合には、育児不安に陥る可能性も出てくるでしょう。いずれにしろ、子を産み育てることと自分への投資とが対立してしまうのは、当の女性の心がけや努力ではすまないのです。そもそも有限の自己資源を子と自分とに配分するという葛藤課題があるからです。

しかも、その葛藤・対立が激化する原因は、当の女性にあるというよりも多分に育児をめぐる社会的状況に原因があります。子育ては女性の仕事とする考えや風潮、あるいは、男性は獅子奮迅に働くことが期待され家族役割を担うことが不可能であったり、また、女性も働く場合には男性同様に働き方が求められるような状況。こうした日本の現状が女性に対して育児をめぐる葛藤を大きくしているからです。

今日でも出産を機に多くの女性が働くことをやめてしまうような日本社会の状況では、子どもを産むことを選択すると、女性は社会人として生きる道が狭められたり、あるいは、閉ざされてしまう心配があります。他方、夫の多くは、子の誕生後もほとんど生活が変わりません。そうした夫と自分との間の距離や断絶など、子どもをもつことによって生じるデメリットは、「つくる」決断を鈍らせることでしょう。育児中にこうした不安や不満を体験した人は、もうこれを繰り返したくないと思い、もう子どもはいらないと考えることにもなる可能性が大きいでしょう。先にみた、子どもを一人しか産まなかった理由(表2-2)にも、こうした実状がうかがえます。

生存の問題から心理的問題へ

子どもの価値の相対化が進んだことと平行して、親の側にも変化が生じました。子どもへの投資か自分への投資かを考える場合の葛藤とは、かつては、これ以上子どもが生まれることは自分や家族の生死に関わる問題でした。今日、子どもへの投資か自分(たち)への投資かという場合、このような生死が問題になることは、まずありません。キャリア、あるいは趣味などの活動、夫との(二人だけの)生活など、自分の心理的満足が得られる活動や生活が、子に投資するか否かの葛藤で問題になっています。

かつてとは違い、豊かになり差し迫った生命の危険の少なくなった社会では、自己生存・発達の中身が変化します。単に生命が保たれているだけでは、「生きている」ことにはならず、生物学的な生存以上に、活き活きと充実感をもって生き、新たな経験や学習によって日々成長していることが重要となってきます。そのことが「生きている・発達している」ことなのです。

キャリアも、趣味や勉強も、カップル二人だけの生活も、こうした実感を与えてくれるものでしょう。そうした生活や活動にはお金がかかり、時間も、体力や努力も必要です。そうしたことが子どもをもって続けられるだろうか、経済や時間、知力や体力などを両方にうまく配分できるだろうかと考えることになります。すなわち有限の自己資源の配分を考えることになるのです。先にみた若い世代の母親が「つくる」決断をするにあたって考慮した理由(表2-1)には、こうした今日の自己生存・発達の中身をみることもできます。かつての葛藤に比べると、贅沢と思われるかもしれません。しかし、このことは、豊かになった社会が、人々の「生きている」ことの意味を変えた結果なのです。

いまや、誰にも通用する「幸福」ということは問題にできません。国全体が貧しかった時代では、経済的に豊かになることが、多くの人に共通する願いであり、「幸福」でした。しかし、ある程度、それが達成されると、「幸福」のあり方も多様化していきます。したがって、今日では「主観的幸福感」、すなわち「その人にとってのウェル・ビーイング」が重視されます。

経済的に恵まれ、やさしい夫も可愛い子どももいるという、外からみれば幸福そのものの女性が、「生活に満足できない」「自分というものがない」「生きている実感がもてない」などと、不満や自己不全感を抱いている場合は少なくありません。他方、経済的に恵まれず家族もいなくとも、活き活きと充実した日々を送り幸せだという人もいます。一定の基準で外側から幸福だとか、不幸だと決めつけることはできなくなったのです。

すなわち、当の本人が自分の現在の状況をどうみているか――充実感や幸福感を抱いているか、活き活きと成長している実感がもてているかどうかといったことが、重視されるようになったのです。現代人にとっては、この主観的幸福感、ウェル・ビーイングを自分にもたらしてくれるものが大事であり、そのために自分の資源を投資してきています。そして、今後も、その活動を続けていきたいと思っています。子を「つくる」理由や、それをめぐる葛藤の変化には、このような事情が反映されています。

人間の幸福感は、社会の変化によっても影響を受けます。社会の変化は、女性に妻・母となる以外に就労をはじめとする多様な道を開き、充実感や幸福感を味わえるものも多様になりました。社会の変化がもたらした新しい選択肢と、子どもをもつ選択肢とが比較検討されることになったのです。

このような自己生存・発達の魅力は大きく、限りある自己資源を子どもだけに投資することをためらわせがちです。子どもをもてば育児負担が専ら女性にかかる日本の状況は、このためらいをさらに助長しています。女性が感じている負担感の大きさ、他方、(自己発達への)別な選択肢の魅力の大きさが少子化を進めています。この問題は、女性個人の心がけや努力だけでは解決することは困難です。社会の変化に連動した女性の心理を的確に受けとめた政策や企業の姿勢が問われるところだと思います。

政府をはじめ少子化を憂慮し、解決しなければという声はさかんですが、その中身は、はたして妥当なものなのでしょうか。少子化を問題視する場合、たとえば、このままでは年金制度が維持できない、あるいは、労働力不足に陥ってしまうといったことが指摘されることが少なくありません。カップルが子どもを「つくる」か否かを考え迷うとき、年金の支え手を確保しようとか、労働力を提供しようなどとは、考えないでしょう。自分の限られた資源を何に投資するか、子への投資はどれだけ自分(たちカップル)にメリットがあるか、自分への投資が減るデメリットがないかといった問題が真剣に検討されているのです。それは主観的幸福感、ウェル・ビーイングを大事にし、それを確保し追求しようとしての検討です。

2 「少子良育戦略」と子どもの「育ち」

「少子良育戦略」の定着

少子化は現在、合計特殊出生率が一・三を下回るほどに進みつづけています。日本人の生活水準は向上し、「豊かな生活」は目標としては説得力がなくなりました。それに代わって登場したのが、「少なく産んで良く育てる」という考え、言い換えれば「少子良育戦略」です。すなわち、子に豊かな教育の機会と高い教育を与えたいとの親の願いが広まることとなったのです。

子の養育、とりわけ高い教育には多大の投資を必要とします。資源の投資が少ないことは、概して子の成長発達にマイナスとなります。幼少期の育児は主として親がしますから、投資資源は主に親の心身エネルギーや時間です。しかし高い教育となると、何よりも経済を要します。これを大勢の子どもにしてやるのは無理です。そこで、子どもを少なくすることで、高等教育投資を可能とする。こうした暗黙の合意で少子良育戦略は定着したのです。

子に高い教育を与えようとするのは、単に親個人の願いからではありません。それ以上に社会の変化が高い教育を必要とし、それが進学熱を押し進めたのです。工業化・情報化が進んだ社会では、職業でも社会生活でも高度な知識や技能を身につけていることが必要であり、有利です。これらの力なくして「一人前」には遇され難くなりました。社会の変化が、高等教育によって知識や技能を身につけることを「一人前」の要件としたのです。

少子化以前は、大学に進学させるのは長男だけで、それ以外の子どもは中学までか、よくて専門学校で手に職をつけさせるぐらいといったことが行われていました。女の子の場合には、男子よりも学校に行かせないなど差別的処遇は普通でした。一人だけ教育を受けた長男は、その代わりに親の扶養はもちろん、きょうだいの面倒をみる責任を負いました。それが、社会の変化で「一人前」の基準が変わり、長男だけを選別したり、女子には学歴不要というわけにはいかなくなりました。高い教育水準、すなわち大学教育を受けさせることが「良育」となり、それが親と子どもにとって目標となりました。

では、どのような「良育」が行われたのでしょうか。「少子良育」の中で子どもたちはどのように育ったのでしょうか。

子どもの犯罪は増加しているのか

近年、子どもをめぐる様々な問題が眼をひきます。少年による犯罪も注目されています。窃盗のような単純なものだけでなく詐欺やおとなや高齢者を襲う強盗、凶悪な殺人など多種多様になり、低年齢化も進んだといわれます。これまであまり見聞きしなかったような、残忍な「親殺し」や「きょうだい殺し」といった事件も報道され、人々は大きな懸念を抱いています。子どもが危機に陥っており、その責任は家庭のしつけの低下にある、という言説も目立ちます。

ところが犯罪白書をはじめ、統計データにあたってみますと、子どもの犯罪が増えたという一般の印象は事実とかなり違います。統計データでは一九八〇年から一九八九年までが少年犯罪のピークとなっており、その後は減少しつづけ、ここ一〇年は男女合わせて一三万件あたりの一定数にとどまっています（図2-1。ちなみに少年の人口比においても同様の傾向です）。

また年々低年齢化したという一般の印象とは異なり、むしろ少年犯罪のピークは年長の子どもに移行しているようです。親などに対する殺人（尊属殺人）は、成人では最近増加の傾向にありますが、未成年による尊属殺人はそれほど多くなく、二〇〇四年までは年間数件の一桁台でした（ただし、未成年による尊属殺人は、この二、三年増加しており、今後の動向は後にみる「よい子の反乱」とも関係して注目されるところです）。

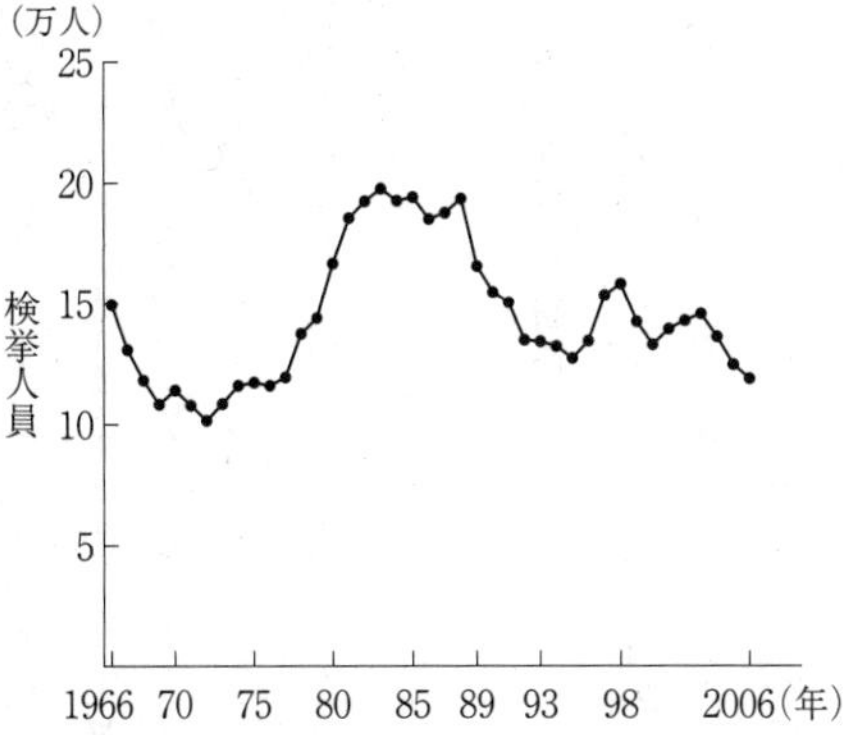

出所：法務省「犯罪白書」

図2-1　少年一般刑法犯の検挙人員の推移

このように少年の犯罪は減少しているのですが、その一方で、気になる現象もあります。最近の若者は他人との対立を極度に忌避したり、誰かから指示されるのを待つタイプが多いといったことがしばしば指摘されています。対人関係のみならず、勉強でも仕事でも課題への挑戦的な傾向は弱く、活力そのものを失ってしまった観さえあります。さらに、おとなしくなってしまったということにとどまらず、不登校や引きこもりなど、心を閉ざして内にこもってしまうような問題現象も起こっています。

こうした現象は他国ではそれほど顕在化していません。攻撃的・情熱的といった外に向かう行動が低下した反面、社会に背を向けて自分の内側にこもってしまう傾向が増加しているようにもみえます。

不登校という問題

不登校は、一九九六年頃に増加しはじめて二〇〇一年にピークとなり(小・中学生で約一三万八七二二人。文部科学省「学校基本調査」)、その後もほぼ同水準で経過しています。一定水準で日本の子ども・青年に常態化したかにみえます。

全体的な増減はともあれ、子どもが不登校になっては親にとって、大きなショックです。「少子良育戦略」をとった親にとって、教育は最大の役割です。「良育」は高い学歴をつけることに最終ゴールがありますが、小学校や中学で学校に行かなく(行けなく)なってしまったことは、ゴールよりずっと手前の出発段階で早くもつまずいてしまったということです。これではどうなるのかと、暗澹《あんたん》とした気持ちとなり、なんとか解決したいと思うのは当然でしょう。

不登校は、かつて「登校拒否」といわれ、当初、その原因は当事者である子どもとその家庭側にあるとされました。母親との分離不能や親の過保護などの結果として、子の自我が未発達になってしまうのではないかなどと考えられていました。やがて、子どもが学校に行かない(行けない)のは子どもに問題があるのではなく、受験体制をはじめとする教育や学校の側の問題として注目されるようになります。これが契機となり「登校拒否」に代わって「不登校」という語が定着しました。

「良育」圧力としての不登校

名称が変わったからといって問題が解消したわけではなく、不登校のメカニズム——何が要因かをめぐる学問的論議はいまも続いています。不登校が子どもの自我発達と関係しているという点では、諸説は基本的には共通です。不登校が起こる小学校高学年から中学校は、自我に目覚め自分の生き方や存在の意味を考えるアイデンティティをめぐる問いを抱く時期です。それまで無邪気に親や友人とつきあっていたのが、自分はこれでいいのか、どう生きるのかといった疑問が浮上します。

思春期になった子どもがこのようなことを考え、悩むことを、親たちは知らないわけではありません。自分自身のその年頃のことを思い起こせば、誰でも理解できるはずです。けれども、親たちは子どもが不登校になると、そう物わかりよく子どもを許容してはおけません。原因をつきとめ、不登校を解決したいと焦るばかりです。

不登校が最も多くなる小学校高学年と中学は、いずれも進学や進路の問題がクローズアップしてくる時期で、子どもは受験体制に組み込まれて試験・勉強と追いまくられます。「良育」を目指す親や教師にしてみれば、過酷な受験戦争に勝ち抜いてゴールに達するには、うろうろしている余裕などなく、いまはとにかく勉強して良い成績を目指すのが、その子にとって良い、ということになりがちです。

しかし、自分とは何かの問いに目覚めた子どもにとって、そうしたことを強く勧める親や教師はあてにならない存在と感じられます。それどころか飲みたくもないものを無理矢理飲ませようとする存在にさえ映ずるでしょう。このように不登校は、家庭と学校が子どもに受験・進学に向けて圧力をかけることに大きな要因があることが多いのです。もちろん、一向に減らない「いじめ」なども、友人やおとなへの不信感を募らせ、学校への忌避感を助長させます。その結果不登校の増加を推進させている現状もあります。

「さなぎ」の時期としての不登校・引きこもり

このような状況の中で、それでも「自分とは?」の問いにこだわる子どもたちは、自分の中に閉じこもる方向に向かってしまうことになるでしょう。勉強への圧力が強く、新しい自己をつくるうえでの栄養となる他者との対決や、異なる意見との交流を得る機会がもてない。このようなジレンマに陥った子どもは、心を閉ざして自分の中に閉じこもらざるを得ないでしょう。

引きこもりや不登校の中には、このようなケースが少なくありません。たとえば、それは表面的には社会からの逃避や退行の現象ですが、一方では未成熟な自我を再生させる「さなぎ」の時期であるともいえます。引きこもりや不登校を自我発達がより成熟した自我の新生のための「思春期内閉」ととらえて、おとなになるうえで積極的な意味があるという考察も、豊富な思春期臨床経験を踏まえてなされています（山中康裕「思春期内閉」『現代のエスプリ』一三九号、一九七九年）。そして子どもの問いや迷いを受け止め、それらを進展させるよう子どもに寄り添って側面から援助することが、引きこもりや不登校の子どもたちに対して臨床家ができることであり、なすべきことだと指摘しています。これは本来なら日常の対人関係の中で解消されてきたことですが、現在ではそれがカウンセラーなど専門家の力に求められているのです。一種の補償教育ともいえるでしょう。

発生した問題を、専門家の力を借りて、個人的に解決することは重要です。けれども、なぜ問題が起きているのか、その根本にも眼を向けて、その改善に努めなければならないでしょう。

ところで不登校や引きこもりはいずれの時期でも男子に多い傾向がありますが、これは「大学ぐらいは」とか「いい学校へ」などという進学圧力が、男子により強くかかっていることと無関係ではないでしょう。子どもをどこまで学校へ進ませたいかを尋ねますと、日本では「男子はぜひ大学まで」であり、「女子は短大ぐらい」が今日でも少なくありません。これは他の先進諸国にはない際立ったジェンダー差です。

そして実際、二〇〇七年現在、四年制大学進学率は男子では五三・三%、女子は四〇・六%と顕著な差があるのです。このように女子はいまでも、教育機会の点で差別を受けているといえますが、逆にいえば男の子は男の子というだけで高い学歴、「いい学校」への進学を期待され、強い圧力を受けていることを意味します。たとえば日本では、男子に対して五一・六%の親が「大学まで」と望んでいますが、女子には三七・七%と大学進学への期待は低いという調査結果もあります(国立女性教育会館「平成一六年度・平成一七年度家庭教育に関する国際比較調査報告書」二〇〇六年)。同調査で、学歴期待に男女差がないアメリカ、韓国と大きく違っています。自分の希望や特質を考慮してもらえず、ともかく「大学ぐらいは」「いい大学へ」といった圧力がかかり、女子のような自由度がない。このことも、男子に不登校が多いことと無関係ではないでしょう。

対人交渉スキルの発達不全

最近ユニセフが発表した先進諸国の小中学生調査は、日本の子どもたちが「孤独を感じている」ことが他国に際立って多いことを報告しています（Unicef Innocenti Research Centre 'Child poverty in perspective : An overview of child well-being in rich countries' 2007）。また大学生でも、四六％もの学生が「誰とも話せない」「相談する相手がいない」ということです（「学生生活実態調査集計報告書」日本私立大学連盟、二〇〇七年）。この孤独で貧困な対人関係は、引きこもりと共通した問題を提起しているのではないでしょうか。

引きこもりや不登校などの現象は、思春期になって初めて起こることではありません。その温床が、幼少時からの「育ち」にもあります。多くの子どもは、誕生後の三年ほどは母親に育てられますが、その際、すでにみたように父親が育児に参加していないケースが多く、子どもは一日中ほとんど母親とだけで生活します。子どもが母親に守られ育てられること自体は悪いことではありません。けれども、子どもが接する人間関係は限られ、子どもが自分から直接人と交流する機会は極めて少ないのが大方です。これは、子どもにとって、けっして豊かな環境とはいえません。

公園の砂場で遊ぶ子どもたちの周りを、母親たちがぐるりと囲むようにしている風景をよくみかけます。幼い子どもには親が友だち遊びの機会をつくり、友だちとのやりとりを見守る典型的な風景です。

けれども、これが子ども自身の他者への関心や交渉能力の育ちをそいでしまっています。こうした場面をみていると、母親はちょっとしたことですぐに手を出すなどして遊びを誘導し、もう少し子どものすることに任せておけばいいのに、と思う場合が少なくありません。親の介入が早すぎたり、多すぎたりする傾向があるのです。

のちに第4章で詳しく述べますが、子どもは乳児のときから、他の子どもに対してなみなみならない好奇心をもっており、他の子どもと交渉する力をもっています。また、おとなよりも自分と同じような子どもの方に特に関心が強く、子ども同士の交流を求めています。その交流の中で、他者とどうつきあうか——押し方も引き方も身につけます。

子の養育を任せられた母親は、責任感一杯で子を守り、「良い」経験や環境を与えようとします。その結果、子どもを守ることが優先され、子どもが本来もっている、他者への関心や、他者と関わる力を発揮させ、発達させる機会を奪ってしまっています。他との交渉を避けて内に引きこもってしまう「さなぎ」の状態は、幼少期の母親の囲い込み的な見守りと無関係ではありません。他者と関わる力が育っていないことの結果の一つだからです。

子どもに身につけさせたい「社会性」の中身

幼稚園に入園させる第一の目的は、母親も先生も「社会性を身につけさせる」ことだといいます。この場合の「社会性」とは何でしょうか。友だちと遊べる、仲良くできる、自分勝手をしない、他に迷惑をかけないなど、集団で他と協調する力が日本の親や先生たちが考える社会性の主要な内容です。

自分の意見を他者に主張する、自分の意思を集団の中で表明する、リーダーシップをとる、といったことも「社会性」ですが、このような面は二の次にされがちです。自分を抑えて他を活かす、自分はがまんしても集団の和を大事にする。これは母親たちがいまも子どもに期待する筆頭です。日本の「社会性」の中心理念だといえましょう。

図 2-2　「はないちもんめ」の絵

図2-2のような場面（はないちもんめ）で、子どもが入れてもらいたいと思ったらどうしたらいいかと五歳児に尋ねます。すると、アメリカやイギリスの子どもたちは直ちに「〝入れて〟という」と答えますが、日本の子どもたちはすぐには、そのように答えません。「この子たち（遊んでいる子たち）は（入れてもらいたいと思っている子どものことを）知っている子たち？」とか「この遊びはいま始まったばかりなの？　それともずっと前から遊んでいるの？」「男の子だけ？」などと尋ねるのです。

その回答によって、自分の答えは違うのです。いま始まったばかりなら、自分が入っても邪魔にならないだろうとか、女の子がいないなら男の子たちは嫌かもしれない、などと考えるのです。

遊びたい、入りたいなら、率直に「入れて」という欧米の子どもとは違います。入りたいと思っても、すぐそうはいわず、遊んでいる子どもたちや遊びの邪魔にならないかをまず考える、すなわち「和」「仲良く」が大事という態度が、幼いうちから身についているのです。

このような日本の「和」を大事にする風土の中では、他との違いは、すぐに悪とされてしまいがちです。人それぞれが違うのは当たり前であり、違いがあることに意味があり価値があることだと認めるのは容易ではないでしょう。

子どもの問題行動と親の態度

何であれ子どもに問題が生じると、親のしつけに問題があるのではないか、と考えるのが通例です。昨今は特に親や家庭の責任を問う声が強いように思われます。しかし子どもの問題には、親子関係や親のしつけだけに原因を求めても解決できない場合が多いのです。むしろ親たちの関係、すなわち父親と母親がどのように生きているか、夫婦としてどのような関係なのか、うまくいっているか否かなどが、年長になるほど子どもの問題行動の背景となっているケースが少なくないのです。不登校のケースでもそうです。

　次の小学五年の男子の不登校のケースは、子どもの不登校が、親の夫婦としてのあり方や家族のあり方と深く関係している事情を示唆しています(柏木惠子、平木典子『日本の家族の心理学』近刊)。

　相談に来たのはまず母親です。自分は子どもの教育を任せられており、父親は仕事で来られない、と。やがてセラピストの提案によって父親も同席するようになります。子どもの不登校の原因をめぐって、父親と母親二人の意見はかなり違っています。父親は、母親が過保護・過干渉であるため、男の子らしさが欠けて依存傾向が強く、それが不登校の原因だといいます。母親の方は、父親が仕事で帰宅も遅く、日曜もゴルフや仕事に行ってしまって家族や子どもに関わらない、自分は一生懸命やってきたと弁明します。

　子どもとの時間をとるようにとのセラピストの勧めもあって、父と子はサッカーボール蹴りなどをするようになります。すると、父親の猛烈訓練ぶりに母親は抗議します。父親は、母親が子どもに対して過保護だと反論します。こういった調子で、子どものしつけをめぐって父親と母親の応酬がしきりでした。子どもは依然として不登校を続け、母親は心配と不安を募らせる一方、父親は仕事が多忙で日曜も不在という状況が続いていました。

　しかし、この間も父母が一緒に来談することは継続していました。やがて、母親は、この面談の場が二人でゆっくり話をすることができる場だというようになります。当初は相手の子どもへのしつけや態度をめぐって対立し攻撃し合うものだったのが、課題は次第に夫婦の問題に集中していきました。

妻は「夫は何でも引き受け、ノーがいえない人」と批判し、「家族の一員として、子どものことを考えるなら、(仕事ばかりせずに)それなりのことをして」と要求しました。これに対して夫は、会社の事情を弁明しながらも妻の要求を認め、これまでを「反省しています」というまでに変化していきました。

このような夫婦の変化と連動して、親たちの子どもへの関わりに変化が生じていきます。以前は母親の過保護と張り合うようにしていた父親の猛烈訓練ぶりは、次第に減っていきました。父親は仕事の予定や出張の連絡などをまめにするようになり、学校の担任とも連絡するようになりました。こうして親たちが変化するうちに、やがて子どもも来談に参加するようになり、始業式をきっかけに登校するようになりました。

後日、父親は「自分がいなくても会社はやっていくんですよね」と述懐し、母親は「家族の面倒をみる人は私しかいないと思ってつい過保護になっていた」と述べています。

親・夫婦関係への異議申し立てとして

いま紹介した例では、個々のしつけいかんに問題があるというよりも、当然としてきた「男は仕事」「女は家庭」という分担が、親としての子どもへの関わりを歪めていたことに問題があったといえるでしょう。母親は「息子が不登校にならなかったら、我が家はどうなっていたか――。大変だったけれど、不登校になってくれた息子に感謝です」と述べた由です。このケースでは子どもの不登校は、親たち夫婦に起こっている問題への警鐘だったといえるでしょう。

子どもへの関わりをめぐって、夫と妻の認識がずれている場合も問題です。多くの場合、夫は「(自分は)育児をしている」といい、妻は「夫はしていない」というかたちでずれ、対立するのですが、この夫婦の対立は子どもの精神的安定を阻害します。マイナスの影響大なのです。

不登校に限らず子どもに何か問題が起こると、親のしつけが悪い、親子関係が問題だと批判されます。けれどもいまのケースにみられるように、子どもに起こった問題は親たち夫婦の問題へのサインである場合が少なくないのです。

親たち自身は気づかずにいる夫婦の問題が、子どもを精神的に苦しめ、それが不登校などの問題行動として噴出して起こる場合が多いのです。こうしたケースは、子どもというものは親をちゃんとみていること、親同士の関係に問題があることを見抜いていることなどを教えてくれます。当の夫婦以上に、子どもは問題の核心をとらえている、その眼の確かさ、賢さに驚かされます。

3　「よい子の反乱」が意味するもの――顕在化する親子の葛藤

「よい子の反乱」

子どもの問題は不登校や引きこもりだけではありません。時として親への暴力、はては「親殺し」や「きょうだい殺し」などとしてもみられます。しかも、それらを起こした子どもたちが特別な問題児ではないケースが少なくありません。事件を起こす前の子どもの様子を知る人々は、普通の子だった、よい子だったのにと、事件を不可解だとみる場合がほとんどです。すなわち「よい子の反乱」ともいえる現象です。実際、最近の事件は社会的にも経済的にも恵まれた家庭で多いことが目につきます。すでに述べたように、こうした事件は、数自体はそれほど増加していないものの、その凶悪さなどが眼につきます。

今日の親たちは、「少子良育戦略」を実践している親たちです。子どもへの教育投資は、少子化つまり子ども数の減少と反比例して増えつづけています。それは最近の家計調査に明らかです。

では、この投資の増大は子どもの発達に成果を上げているでしょうか。「少子良育」は成功しているでしょうか。答えはイエスとはいえないでしょう。不登校や引きこもり、子どもの親への暴力などの事件、それらがむしろ社会的にも経済的にも恵まれた家庭で目立つことは、投資の成果に疑問を抱かせます。

このような家庭では親からの資源投資が多いのに、そのことが子どもが「良く」育つことには必ずしも結びついていないことを示唆しています。投資は量が多ければよいというものではありません。それだけでは成果は上がらないのです。子の教育に親はどのような仕方で関与しているのか、つまりどのような質の投資をしているかが問われていると考えられます。「家庭の教育力の低下」という批判も、教育の量ではなく質の問題として考えるべきでしょう。

「つくる」時代の子育ての問題

「少子良育戦略」は、子どもを親が「つくる」ことから出発しました。「つくる」つまり親の意思・決断が子どもの誕生に関与したことは、その後の子どもに対する親の態度や行動にも波及します。

かつて親の意思や決断に関わりなく生まれてくる子どもを、親は「授かる」ものとして受け止め預かりものとして育てました。それが、「つくらない」という選択もある中で「つくる」と決めて「つくった」子は親の「もちもの」的存在となりがちです。そのような子に対して親は淡々とはしていられません。強い思い入れとともに積極的に関与することになりがちです。

その態度が、多額の教育費支出という多大の投資を子にもたらします。子への強い思い入れは投資の量にとどまりません。量以上に、投資の質、「良育」の中身とタイミングを大きく変えることになりました。

子どもの問題が起こるごとに、「親のしつけが不足している」「もっとしつけをしっかり」といったことがいわれます。けれども親のしつけや教育の量はかつてないほど潤沢で、過剰ともいえるケースの方が多いのです。問題は「良育」の中身です。親はどのような「良いもの」を子どもの発達に期待しているか、どのようなタイミングで与えているか、その際子どもの側の条件をどれだけ考慮しているか、などが重要です。加えて、子育てをする者が安定した気持ちで子どもと向き合っているかが重要です。

加速する「先回り育児」がもたらすもの

では、具体的にどのような質の投資が行われているのでしょうか。またそれが子の育ちにどのように影響しているのでしょうか。まず指摘できるのは、「先回り育児」の加速です。

様々な社会の育児を比較研究した文化人類学者は、「先回りする」ことを日本の育児の特徴の一つとしています(原ひろ子、我妻洋『しつけ』弘文堂、一九七四年)。欧米では、子どもといえども自分の欲求を他者にきちんと表現することが求められます。黙っていてはダメで、自己主張は必要かつ重要な力です。

日本では、「いわなくてもわかってくれる」関係がよしとされますが、これが親と子の関係、とりわけ子の養育にあたる母親と子の関係で強い傾向があります。母親は子どもが何を求めているか、何が必要かを察知する、それを子自身が自覚も要求もしないうちに母親の側からしてやる。このような態度は母親に限らず、「察し」を重んずる日本の人間関係という土壌あっての特徴です。

しかし、ものいわぬ乳幼児を育てる場合に、この「察し」は必要な役割です。ただし重要なことは、子どもの側の状態を的確に察することです。これによって、子どもは必要な援助や刺激をタイミングよく得ることができるからです。たとえば子どもに本を読んでやる場合、子どもの視線をみながら、また子どもの発話に応えながら読むことが重要です。子どもは、本に書かれたものよりも多くのことを学びます。同時に、自分の関心や疑問を受け止める応答的な親への信頼が育まれます。

このように、日本ではもともと「先回り育児」が強くなる傾向があるのですが、今日、「つくった」子への親の強い思い入れから、「先回り」がさらに加速しています。それはスピードだけではありません。量も増え、さらにその方向やタイミングを変化させました。

親にとって少数の子どもの「良育」は最大の課題です。経済も心身エネルギーも投資することを惜しみません。かつて家事などに多大なエネルギーと時間を必要とされていた時代には、子どもに親がかけられる時間もエネルギーも自ずと限られていました。また子どもの数が多かったときには、一人一人にかけるエネルギーはさらに限られていました。

しかし、いまは家事の省力化によって、親の子どもへの心身エネルギーの投資は増えました。親の労力もお金も、子どもに大量に注がれることになって、「先回り育児」はさらに加速しています。ピアノ、水泳、英語などの早期教育はその典型です。親の子どもへの日々の対応にも先回りの傾向が認められます。親が子どもに一番よく使う言葉は「早く、早く」です。子どものテンポ、子どもの関心を考慮せず、子どもを親の予定やスケジュールに無理やり従わせようとしての言葉です。本来、子どもに必要な「察し」を欠いた先回りが多くなったのです。

すでに述べたように、「先回り育児」が功を奏するには、子どもについての的確な「察し」があることが重要で、それなしには効果は上がりません。子どもは何を求めているのか、どんな気持ちなのかなどを、親が的確に「察し」ていることが前提です。

そのためには、子どもをよくみて、そして子どもをよく知ることが第一です。水が欲しいのに、ミルクを飲ませようとする類の親の態度は、子どもに親は自分のことをわかってくれていないと感じさせ、子はその親はあてにできないと、不信感を抱くことになります。たとえそれが親の善意からだとしても、逆効果になる危険性が大きいのです。

教育投資の量ではなく質が重要

幼いときに限らず、いま親たちの教育的営為には、往々にして的確な「察し」が不在となっています。なぜそうなるのでしょうか。またいったい何を根拠に先回りしているのでしょうか。それは、親の「よかれ」とそれに基づいた計画です。

親というものは、子どもに夢を抱き、その将来に期待するものです。それは当然のことです。子どもにとっても、親から受容され、肯定的に評価されているといったことは安心感や自信をもたらします。

けれども、その夢や期待が、学校の成績をトップにとか、「○○大学に合格する」「○○会社に入社する」などと、画一化したものになってしまうと問題が生じます。このような夢は、どの子どもにも当てはまるものではないからです。親の夢や期待が、子ども自身の夢や個性などと無関係の場合、子どもを拘束し、圧力となってマイナスに作用する危険性も大きいのです。教育の目標や方法には、万人にベストなものはありません。どんな方法でも子どもの特性とマッチしていなければまったく無効です。このことは教育心理学の研究が早い段階で明らかにしています。

いつの世も、親たちは子どもに夢や期待を抱いてきました。しかし、夢とはそもそも淡いもののはずです。にもかかわらず、現在では、親が子に対して抱く夢は〝いい大学〟へ進学し、〝できる子〟へ、さらには〝勝ち組〟へ、というふうに、具体的そして画一的なものとなっています。それが、子に対して強い圧力となっているのです。子どもの特徴や意欲にかかわらない親本位のものだからです。子どもが何を求めているか、どのような特徴を備えた子かについての省察が欠けています。的確な「察し」を欠いた先回りの極でしょう。

こうした「先回り育児」の加速は、子どもを「つくる」時代ならではともいえるでしょう。比較検討し、「つくる」と決断したのちに誕生した子どもは、その親にとって格別な存在となり、むしろ絶対的な「宝」——まさに「なにものにも勝る宝」となりがちです。また、先述したように、親の「もちもの」のようにもなりがちです。昨今の「先回り育児」は、親にとって絶対的価値をもつことになったわが子という「宝」、「もちもの」に、さらに磨きをかけて「宝」の価値を高めようとしているかにみえます。子を「つくる」ことになった「人口革命」は、親の教育的営為をこのように変化させたといえるでしょう。

子ども不在の「よかれ」

親は子どもに向かって、「よかれと思ってやっている」「いまにわかる」といった言葉をよく口にします。いまは子どもにわからないだろうけれど、親の体験と子への愛情からそうしているという論理で、子どもを動かそうとします。

「察し」を欠いた「先回り育児」は、「いい学校」への志向に限りません。かつても音楽教室などが流行っていましたが、それ以外にも今日では、運動もできる子にと水泳を習わせたり、英語の発音は幼い頃に習得させるのが有利である、あるいは国際化時代だという理由で英語を習わせたりと、幼児期からのおけいこや塾通いの類は花盛りです。これらは子ども自身の希望以前に親の意向、「よかれ」に基づいてのことです。いかに親の善意だとしても、子の立場からすれば、親の身勝手であり、子の育ちと連動しないことは少なくないでしょう。

いったい、なぜそう急いで子どもを駆り立てるのでしょうか。「〇〇ちゃんもやっている」「〇〇さんのうちでも行かせている」といった他者志向、あるいは他の子に負けさせたくないといった発想などで、親が子を駆り立てている風潮が目立ちます。自分の子どもは何が好きか、どんな特徴をもった子か、何に熱中しているかなどをじっくりみることなしに、他の子どもや親の理想に合わせることは、子どもの人格を認めていないのと同じです。

「よかれ」への従順から反抗へ

幼いうちは、親のいうことを素直にきいているかもしれません。親のいうことをきく素直な子がよしとされ、口答えはもってのほかと育てられています。「よかれ」をそのまま受け止めるかもしれません。それに子どもは親なしでは生きられないので、文字どおり生殺与奪の権をもつ親のいうとおりになるでしょう。けれども、長じるに従って自分の意思や関心がはっきりとしてくると、親の「よかれ」が子どもにはよくはなくなってきて、かえって子どもに問題をもたらすことにもなります。

子どもの成長に合わせて親が子どもへの手を次第に緩めていれば、子どもと親との対立は起こり難く、起こってもそう過激なものにはなりません。けれども子への期待が強いあまり、「よかれ」が子どもに強く長く続いた場合、「よかれ」との親の善意は、子どもにとっては自分を無視し、自分の道をねじ曲げる暴力に映じることになります。そして「よかれ」による先導は、やがて子どもの反撃に遭うことにもなります。形はいろいろですが、「いい子」として育ち、「よかれ」に素直だった子どもが豹変してしまうような事件は少なくありません。

こうした事件は、親の「よかれ」が次第に子どもには「やさしい暴力」となり、その暴力を跳ね返そうとするために、それが過剰に暴力的なかたちになってしまったとも考えられます。

夢や期待からとはいえ、それが子どもの意思や望みに反し、子の特質には合わない場合、それは「愛という名の支配」となる、と「よい子の反乱」を数多くみてきた精神医学者の斎藤学は指摘しています。先の不登校のケースもそうでしたが、親への反抗や対立、さらに暴力的な行為は親への異議申し立てである場合が少なくありません。

「できるだけのことをしてやる」べきか

日本では、「できるだけのことをしてやる」のが親の愛情だと考えられています。しかし、こうした考えは欧米などでは珍しいのです。

たとえば日本では、自宅のある地域の大学に入学すれば、自宅通学は当たり前です。けれども欧米では、たとえ自宅地域内の大学に入学したとしても、子どもは家から出て寄宿舎に入るとか友だちと共同生活をするのが普通です。大学生になったら親から離れて生活することは、親も子どもも当然と考えているのです。日本の親たちが可能な限り子どもを家におき、食事など世話をしてやることは、自分ができることは精一杯してやる(してやりたい)という親の考えがあってのことでしょう。大学生になったら親はもう子に手を貸さない、子も親を頼らずに自分でする(させる)欧米の親の態度とは、大きく違うことがわかるでしょう。

もちろんここには日本特有の社会的な問題も背景にあるでしょう。たとえば、狭い国土にも由来した都市の高い家賃という住宅事情が、子どもが親元で生活することを助長していることも確かです。学生が自立して生活することはもちろん、親にとっても学資に加えて高い住居費まで提供するのは困難です。

しかし親との同居によって、住宅供与だけでなく、身辺雑事の世話までも親に依存した生活となってしまっています。このことは、就職した成人の子と同居親の関係についての研究(宮本みち子『ポスト青年期と親子戦略』勁草書房、二〇〇一年)が明らかにしています。すなわち「できるだけのことをしてやる」といった親の思いや態度が過剰で、しかも長期化しているというのが、現在の日本の親子、家族の特徴ともいえるでしょう。換言すれば親への依存を前提に高学歴化、さらに就職後も長時間の過重労働が成り立っているといえます。

親が「できるだけのことをしてやる」という方針は、以前はそれなりにうまくいっていました。親の経済は概して今日より貧しいものでしたし、子どもも大勢でしたから、一人一人の子どもがしてもらえることはたかが知れていました。個室が与えられることなどは、きょうだいは四〜五人が普通だった時代では稀でした。きょうだい全員共同の子ども部屋が与えられれば上々で、子どもは大満足でした。おもちゃや本、服などいずれも今日の子どもに比べると、実につましいものや数でしたが、きょうだいで分け合ったり共同で使ったりしていました。学校を終えた子どもは家を出て働いたり、あるいは嫁にいくなどして自立できるようになれば、親元から離れるのは当たり前でした。

それがいま、子どもは一人か二人となり、かつてより豊かになった親のお金が、その少数の子どもに対する学資や部屋の提供など、ふんだんに使われるようになりました。家事の省力化によって以前より増えた時間、親の注意・労力が、子どもに降り注がれるかたちになり、過保護・過干渉が生じました。しかもそれが長期化しているのです。

こうしたあまりの過剰な親の関与、その一方で子どもの意思や希望を無視する傾向は、子にとっては「愛という名の支配」「やさしい暴力」となる危険をはらんでいます。「できるだけのことをしてやる」ことが親の愛情である、というイデオロギーは、親がそう豊かでなく大勢の子どもがいた時代にはうまく機能していたのですが、豊かになり少子になった今日では逆効果、あるいは弊害にさえなっています。

教育リスクをどうみる

「少子良育戦略」をとった家族にとって最大の関心事は、子どもの教育の成否——「良く」育つか否かです。家族はこの目標達成を目指す「教育家族」となりました。とはいうものの、教育の財源は夫・父親が稼ぎ、子のしつけ・教育に直接関与をするのは母親で、「母の手で」は乳幼児期のみならず長期にわたるものとなりました。

子どもの養育を担うことになった母親、とりわけ仕事を辞めた母親には、教育責任が重くのしかかります。その母親たちは、育児だけの生活に不安や焦燥にかられるか、あるいはそれをふっきるかのように子どもの教育に邁進し、その成功に賭けるかのような状況に陥りやすくなります。子の教育を自らの使命として、子の成功に自分を賭ける「教育ママ」の場合、「できるだけのことをしてやる」「よかれ」が極度に進むことになります。

ところで、社会の変化が急速に進む今日、どのように育て教育することが、子の成功や幸福につながるかは不確実なものとなっています。以前のように大学卒それも「いい大学」さえ出ていれば、一生安泰とはいえなくなりました。しかし、そうした現実がある一方で、社会的格差が問題となり、逆に、子をできるだけ上級の地位につかせたいとの焦りや迷いが強まっている傾向もうかがえます。

親子ともどもの奮闘が、すべて成功につながるとは限りません。また一見、「成功」にみえても、長期的には成功とはいえない結果になる場合もあることを見逃してはなりません。その意味でも、育児や教育は極めてリスクの大きいものとなりました。

このような状況の中で、子どもをもつか否か、また子どもをもったら仕事を辞めるか否かの選択は、このリスク意識と母親責任の意識の強さによって決まるようです。すなわち、子どもが「いい学校」へ入学するという地位を達成することを重大な親の課題と考えること、そのために必要な多大の投資をよしとすること、さらにこれは母親の責任と考えること。この三つが、子どもの教育に賭ける母親となる条件のようです
反対に子育てリスクの大きさを予見し、それが自分の生活を脅かすものに感じた場合には、子どもをもつことをやめる選択に傾きます。これは少子化につながります。一方、子育てリス

クは母親の責任だと考える場合には、子どもをもったら仕事を辞めるという選択に傾きます。そして「母の手で」を引き受け、子に全エネルギーを投入する教育ママが誕生することになります。

子どもに賭ける母親の問題

「母の手で」を実践している母親に育児不安が強いことは先にみました。子が長じての「教育ママ」は、「よかれ」による先回りに走ります。これが親の善意だとしても、子への「やさしい暴力」となる恐れは大きいのです。

「いい学校」に合格したことをもって「教育成功」とみるのは、いかにも短見です。「いい学校」への合格が母親の達成感を満足させても、子ども自身はその学校に適応できず不登校になったり、親への反抗や暴力が起こるケースは少なくありません。親が考える「よかれ」＝「いい学校」という画一的路線が、その子にとって「良く」ない場合は少なくないからです。そうしたケースは、東大に合格した子どもの母親のように華々しく手記を書くことはありませんから、表面的にはあまり目立ちません。

強い母親の手厚い庇護の下に育つ子どもは、それ自体、発達上の不利益をもっています。入学という点では「成功」したとしても、長く強い母子癒着は子の自立を妨げます。親とは別な意欲や希望が明確になる時期になっても、親の「よかれ」が依然として通用していること自体、子どもの自我の未熟さを示唆するものでしょう。

また、このような子の成功に賭ける母親の側にも問題は生じます。ここには、子の幸せは即母親の幸せとする母子一体的な感情が底辺にあります。これは、子に独立した人格を認めていないのと同様に、親も一個の独立した個人として生きている状態にはないも同然です。

子に万全の保護が必要な幼少期には母子一体的な関係は必要であり、自然な関係でもあります。けれども、長じるに従って親と子は距離をとり、やがては分離して、それぞれが個体として生きていく。それが成熟した親と子の関係です。親と子が一体となって連合して「いい学校」を目指して奮闘する姿には、親から離れていない子と同時に、子を離れて自分の人生はない母親がいます。母、子いずれも自立していない状況です。

発達とは、子ども期のことだけではありません。人間の発達は、誕生から死にいたるまでの生涯にわたるものです。おとなも一人の人間として発達しつづけます。そうしたことなしに充実感や幸福感をもち得ないことは、多くの研究が明らかにしているところです。

親になったら自分のことはおいて子の発達に賭ける。そうした生き方は、当の親自身が発達を停止させたも同然です。親は親であると同時に、一人のおとなとして生きる必要があります。そうすることで子どもと安定した気持ちで向き合えるものです。これまで母子が一体であることがよしとされ、強調されてきましたが、母と子それぞれが個として生き成長することは重要なのです(根ヶ山光一『〈子別れ〉としての子育て』NHKブックス、二〇〇六年)。

高学歴化の光と陰

そもそも子どもに高い教育を受けさせようという風潮は、社会の産業構造の変化――工業化・情報化によっていることは、すでに述べました。その必要性を背景に「少子良育戦略」がとられ、その戦略どおり高学歴化は、ここ二〇～三〇年で急速に進みました。子どもが望めば、多くの場合は大学にいける状況になりました。そして高等教育の普及によって、日本の国民の知的水準が全体的に押し上げられたことは確かです。しかし、この高学歴化は光をもたらしたばかりではありません。陰の部分も小さくないのです。

進学は「社会が必要とした高等教育を身につけること」から離れて、大学に進むこと、大卒であること自体が目的化していきます。なぜ大学に進むのかについて、当の子どもは十分に考えることなく、高校の後は大学へ進むのは当然と考えている場合も少なくありません。

社会が求める高等教育の実質(中身)ではなく、「大卒」「〇〇大学卒」という看板が重要となったのです。このことは、すでに四〇年ほど前にイギリスの教育社会学者ロナルド・ドーアが「学歴病」として鋭く指摘したことです。元来、社会は高等教育の中身を必要としたのに、中身でなく学歴という看板が重視され、ものをいうようになり、それが「新しい文明病」であるというのが、ドーアの指摘です。日本の大学は、「入学は難しいが、卒業するのは簡単」という事情もこれに拍車をかけました。

いまは大学さえ問わなければ、そう難しくなく入学できるような状況となっています。その意味でかつての「受験地獄」的状況は緩和されたかにみえます。しかし、昨今の「我が子を〝勝ち組〟に」との風潮は、特定の「いい大学」への進学熱をあおり、「学歴病」の状態は装いを新たにしながら依然として続いているといえるでしょう。

誰のために勉強するのか

「いい学校」という知育中心の親の「よかれ」に先導される「良育」は、子どもに何をもたらしたのでしょうか。今日、日本の子どもの学力低下が騒がれています。最近、国際的な学力調査の結果が公にされる度に、日本の小・中学生の学力低下が指摘され、憂慮されています。このことは確かに問題でしょう。しかし、それ以上に注目すべきなのは、日本の子どもたちの勉強や学習に対する態度や認識です。すなわち、「勉強がおもしろい」「もっと勉強したい」「やればできる(自信がある)」といった、勉強への意欲が弱く、自信も低いのです(河地和子『自信力はどう育つか』朝日選書、二〇〇三年)。

勉強であれ仕事であれ、人はなにごとかを達成したいとか、より良い成果を上げたいといった動機づけ(達成動機づけ)をもっています。学校生活を送っている子どもにとっては、学力、勉学で良い成果を上げたいとの動機づけが大切です。そして、より高い成果を上げること、それができた自分に満足するのは自然なことです。これが、なぜ日本の子どもの場合には弱いのでしょうか。

達成動機づけと並んで、人の行動を方向づけるものに、他者と親しい関係をもちたいという親和動機づけがあります。この二つは概ね独立の動機です。ところが、日本では二つが正相関しており、密接に関係しているのです。これは日本人において自分と他者とは分かち難く結びついていること、すなわち、他者との調和的関係が自己の安定にとって重要であるということとも関係しています。

子どもの学習への動機づけでも、「勉強がおもしろい」「新しいことを知るのが楽しい」「できるようになる自分が好きだ」といった達成への動機づけよりも、「親を喜ばせたい」「(成績が下がると)お母さんが怒るから」「叱られないように」といった他者、とりわけ親への配慮や親との関係を良くしようとする気持ちなどが強いのです。日本の文化的特徴を背景に、親の子どもに対する関心や介入の強さが加わって、日本の子どもたちに強い他者志向的な学習動機づけが醸成されているのでしょう。

このような傾向は、高学歴化が始まった七〇年代にも報告されています。「お母さんが怒るから」「親が喜ぶから」といった、親の満足や失望を念頭に置いた動機づけです。これは他国にはみられない、日本の子どもに顕著な特徴でした。この傾向は、現在、親の「少子良育戦略」の下、いっそう強まっているといえるでしょう。

これは見方を変えれば、日本の子どもたちは親の願いを素直に受け止め、親と子は目標を共有して勉強に励んでいる、ととらえることもできるかもしれません。親の子どもへの強い期待、それを受け止める子どもという、一見、良好な関係を築いているかのようにもみえます。そのときには問題にはならないかもしれません。

けれども、幼い子どもならいざ知らず、中・高生といえば自分の生き方や将来を考える時期です。その時期になっても親の意向を気にして勉強する子どもの未熟さや、そうする方向に子どもを追いやっている親の「よかれ」の問題性を考えずにはいられません。このときはそれで成績が上がり、「いい学校」への入学に成功するかもしれません。しかし、「素直な子ども」の発達を長期的にみたとき、けっして楽観できません。すでにみた「よい子の反乱」とみられる事件は、けっして対岸の火事ではありません。悲劇から家庭の教育力とは何かを学ばねばならないでしょう。

男子学生とジェンダー問題

すでに述べたように、現在でも依然として、日本の男女の大学進学率には差があります。男子の進学率の方が高いということは、女子よりも男子が優遇され恵まれているかにみえますが、見方を変えれば、男子は親の学歴期待と圧力の影響を強く受けているということでもあります。大学進学が必ずしも、本人自身の希望や能力とは対応していなかったり、自分の意思ではなく行かされるといったケースもあるでしょう。そうした場合、大学生活への適応に問題が生じることになります。

進学率の上昇に伴って、多くの大学は学生の質に問題を抱えるようにもなりました。大学教育を受けるのにふさわしい力を備えているのか、勉学の意欲があるのかなど疑問を感じざるを得ない学生が少なくない状況です。そのような学生は男子学生に多い傾向がみられます。授業出席率なども女子学生の方が高く、授業態度やリポートの成績などにみられる男子学生の不振ぶりは、大学生生活調査が一致して報告しています（「学生生活実態調査集計報告書」など）。これは男子の高い進学率と無関係ではないでしょう。

自己有能感をもてない子どもたち

日本の子どもたちは、成績が良いにもかかわらず、概して自信がなかったり、物事に対する積極的な関心が弱いといったことは、早くから注目されていました。たとえば一九八五年当時の調査(H・W・スティーブンソン、J・W・スティングラー、北村晴朗、木村進監訳『小学生の学力をめぐる国際比較研究』金子書房、一九九三年)では、日本の子どもの算数や国語の成績はアメリカの子どもをはるかに上回っていました。ところが、算数や国語について自信があるか、面白いか、もっとやりたいかといったことなどを尋ねますと、日本の子どもの回答はアメリカよりも一様に低いのです。これに類した傾向は、最近の中・高生の生活意識調査(日本青少年研究所「中学生の生活意識に関する調査」二〇〇二年、「高校生の生活意識に関する調査」二〇〇六年)でもうかがえます。「自分自身について満足」しているものは半数を割り、自己肯定感の低さが報告されています。同様の結果は中学生の学力や自信についての国際比較調査(河地和子『自信力はどう育つか』)でもみられるところです(図2-3)。

このように有能感が低く、自信をもてないのはなぜでしょうか。ここにはいろいろな背景が考えられます。「自分はできるんだ」「自信がある」などと公言することをはばかる、つまり謙譲という日本的特徴(modesty bias)のせいだという人もいます。

しかしそれだけではないでしょう。子どもが有能感を味わう機会の乏しいことも一因だと考えられます。人は自分の力でなにごとかを達成できたとき、自分の有能さを確認し自信をもつものです。ごく幼い子どもでさえ、親の力を借りずに一人でやってのけたとき、大満足の表情

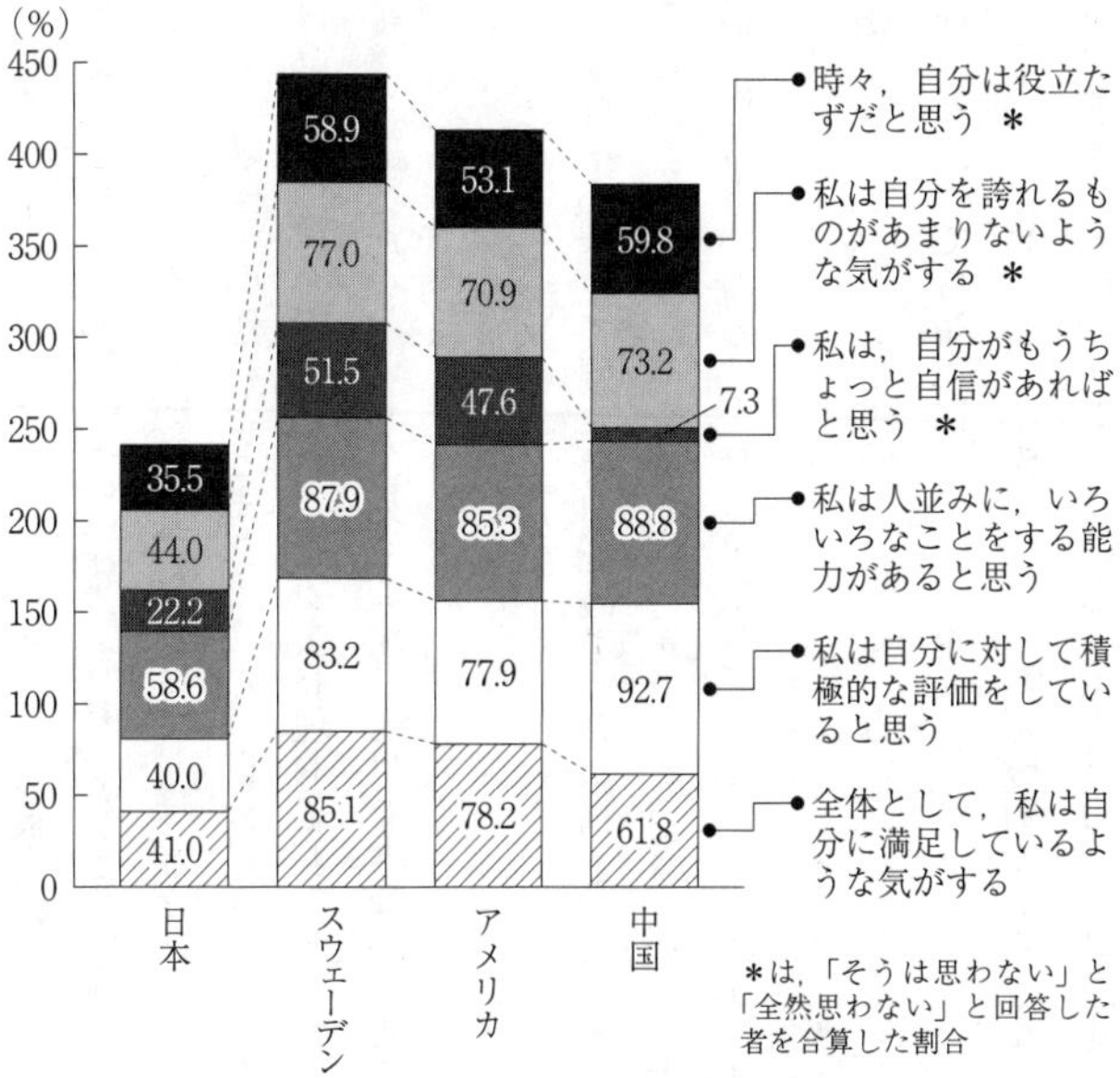

出所：河地和子『自信力はどう育つか』朝日選書，2003 年

図 2-3　各国の子どもたちの「自信度」比較

をみせます。このような自力達成の機会、自分の力を認められる機会が、いま、子どもたちに少なくなっているのではないでしょうか。

指導法に工夫をこらした学校や塾などが増えています。そこでは、自分の興味で熱中していることは回り道であり、自力で試行錯誤するのは余計なことだといわんばかりに、「よかれ」によって先導されます。学校や塾は「教え方が良い」ことで評価されます。そうした中で、子どもたちには自力で勉強し、その結果

「わかった！」「自分でできた」と思える機会は少なくなっています。そこで子どもは、「よく教えてもらったから」「いい塾で教わったから」などと考え、成績の良さの原因を自分にあるとは思えなくなっているのではないでしょうか。

単に勉強の問題にとどまりません。自分にはできる力がある、有能で役に立つ存在だという自己認識は、人間にとって重要な心理的基盤です。できるのに「自信がない」ということを、謙譲の美徳だなどとして見過ごすことはできないと思います。

他者のために働く体験の重要性

知育中心そして親に万事庇護された生活も、日本の子どもの自信の低さの背景です。「できるだけのことをしてやる＝親の愛情」との考えから、大学生になっても、親の世話のもとに生活を送る青年たち。それは恵まれているかにみえますが、おとなになることを遅らせています。おとなになるのを遅らせている一因は、自立した生活体験の欠如にあります。日本の若者は日常生活での諸事も親任せにしている傾向があります。日本の子どもの家事手伝いは、世界の他国と比べても相当に下のレベルです。

子どもに対して、学校をはじめ教育機関ではできない、家庭や親でなければできないことがあります。家庭のメンバーとして親と子どもが体験を共有すること、家族のために必要な労働に参加することです。これらは、自分のため(だけ)ではなく、人のために自分の力と時間を使うことであり、自分が他者の役に立ったことを実感させる機会を与えます。

一九三〇年代初頭の大恐慌のとき、それまで恵まれた生活を送っていたアメリカの中上流階層の子どもたちは、親の失業や家業の倒産によって生活が激変しました。父親の収入は激減し、それまで子どもに手厚い世話をしてきた母親も働きに出たり、子どもも新聞やミルクの配達で稼いだお金を家計にいれたり、母親に代わって家事や小さい子の面倒をみたりするなど、それまでの親の庇護の下に勉強と遊びに明け暮れる生活とは一変したのです。

このような過酷な体験をした子どもたちが、どのように成長したかを追跡した古典的な研究があります。その結果を要約すれば、ごく幼少の子どもを除けば、貧困の中での子どもたちの体験は、のちのちまでプラスの意味をもっているということでした。自分のわずかな稼ぎが家計に役立ったと感謝されたり、自分の作ったつたない料理に仕事から疲れて帰った親たちが喜んでくれたり、幼い弟妹に頼りにされたりなど、いずれも自分のしたことが他の人の役に立った体験です。この体験が、子どもに自分の力に自信をもち、自分は誰かのために必要な存在だという自尊の感情を抱かせました。当時を振り返って「辛い体験だったけれど、それがいまの自分をつくった」と肯定的に述懐しています。

経済的に恵まれ、親の温かい世話を受ける生活は、通常「恵まれた」環境といわれます。けれども、そうとはいえないことをこの研究は示唆しています。温かく庇護され、保護された「恵まれた」生活では、子どもに、自分は守られている非力な弱い存在だとの思いを抱かせます。それが、子どもなりに精一杯働き、自力でしたことが他の役に立つことを知ったとき、子どもは非力な弱者だという自己認識を修正するのでしょう。自分には能力もあり、他者のために有用な存在だと実感がもてるのです。

子どもにとって豊かな環境とは何か

いま紹介した研究は、子どもの発達にとって恵まれた環境とは何かという問題に一石を投じました。親から庇護される経済的に恵まれた環境が、子どもの発達にとって望ましいことなのかという問題です。研究は、逆境に育つことの積極的な意味を明らかにしたといえるでしょう。もう一つ重要なことは、次のようなことが明らかになったことです。子どもには自ら遭遇した過酷な状況に、精一杯立ち向かうたくましい力があり、それを発揮することが自らを育てることにもつながるということです。

日本では、親が子に「してやる」ことが親の愛情とされています。しかし、子どもに自分でさせる機会を提供する、換言すれば、親はしてやらないことも重要な親の役割です。子どもが試行錯誤しながら自力で取り組もうとすることは、親の眼には効率が悪く見えるでしょう。しかし、上手に教えてもらったからできると思うのと、自分であれこれ工夫し試行錯誤を重ねて「できた！」となるのでは、子どもがもつ自己認識はまったく異なります。後者によって、自分の力への信頼や達成することへの強い動機が生まれます。

それ以上に重要なのは、子どもなりに自分の力で他者のために働く体験は、勉強という自分のための達成にはない意味をもっていることです。自分が他者のために役立つ、その力をもっているという自分への信頼感と有能感は、その後の生き方を貫く強い根底となります。

親が「できるだけのことを子にしてやる」ような生活は、子どもにとっては何でも「してもらう生活」にほかなりません。家事の手伝いはせず、勉強さえしていれば「よい子」とされる子どもたち、あるいは、アルバイトをするのはレジャー費を稼ぐなど、自分の娯楽のためという日本の一般的な学生の生活は、けっして「豊かな」発達環境ではありません。

「できるだけのことをしてやる」のを親の愛情、あるいは親のしてやるべきことと考えることは問題です。「してやらないこと」、子どもに自分でさせることは極めて大事なことです。「親が子どもにしてやれるのはほんの少し」という山田太一の指摘は、的確に問題の本質を言い当てています（山田太一『親にできるのは「ほんの少しばかり」のこと』ＰＨＰ研究所、一九九五年）。

「育て上げ」という新しい課題

いま、「育て上げ」というかつては耳にしなかった教育臨床的活動が、さかんに行われています。通常なら社会的精神的に十分自立してしかるべき年頃の青年が、親元にいて働かず、さりとて勉強しているのでも就業への準備をしているのでもない状況にあるケースが少なからずあります。引きこもりや不登校の子どもたちにもこれに類した状態がみられます。

こうした自立不全の青年を社会に出て一人で生きていけるよう援助しよう、つまり「育て上げ」ようとの試みです。「育て直し」ともいわれます。子どもが幼いうちに身につけておくことや、育てられるべきことが未完成なため、親や家庭から離れて自立できなかったケースが多発しています。そこで「育て直し」て「育て上げ」る、という新しい課題が専門家に委ねられることになったのです。

教育熱心で、親の「できるだけのことをしてやる」との愛情に基づいた良育が盛んな現状。にもかかわらず、子どもを「育て上げ」られず、「育て直し」「育て上げ」を他に求めなければならなくなっているのです。家庭や親の教育は熱心で過剰なほどあるのに、その中身と方向とがどこかずれていて、大事なものが欠けている結果といえるでしょう。

第3章　子育て、親子を取巻く家族の変化

これまでの章で「子育て不安」や「子育ちの不在」についてみてきました。実はこうした問題を考えるには、家族のかたちや機能、家族メンバーの心理が社会の変化に連動して大きく変化したことについて理解することが重要です。親子関係だけ、あるいは親が何をすべきかといったことだけを問題にしているのでは、不十分なのです。したがって、本章では、親子、子育てを取巻く家族がどのように変化してきたのかを分析します。

1　「便利さ」は家族をどう変えたのか

社会は家族に侵入する

以前は家族がもっとまとまっていた、皆が協力したものだ、それがいまは皆バラバラになってしまった――。そのように懐かしみ、今日の家族のありようを慨嘆する声をよく耳にします。そこから、家族は危機に陥っているといった論につながることもしばしばです。確かに家族が集まる機会は減りました。その限りではまとまりはなくなったことは確かです。けれども、これは嘆くべきことでしょうか。おかしな方向に変わってしまったのでしょうか。

そうではありません。変化するのが人間の家族です。人間は文明の利器をはじめとして生活環境を変化させ、それに応じた家族のあり方や生き方を編み出してきました。人が高い知能と適応力をもっているからです。

家族はシステムだといわれます。家族の誰か一人に事故とか病気など何か異変が起こると、その影響は他の家族にたちまち波及します。看病や入院時の付添い、あるいは保険の手続などに家族の手がとられます。そのため、主婦であれば、いつもよりどうしても家事が手抜きになり、心配で気持ちも落ち込みます。事故、あるいは病気の原因や治療方針をめぐって家族間にいさかいや対立が起こったりもします。このようになるのは、家族のメンバーが単なる集合ではなく、相互に機能的に関係しあっているシステムだからです。

このように家族はメンバーが相互に影響しあうシステムですが、家族メンバーだけによって影響を受けるシステムではありません。同時に別のシステムが備わっています。すなわち家族は、ある国、ある時代の社会の中にあり、その社会に開かれているシステムでもあるのです。そのため、家族には否応なく社会から情報やモノなどが入ってきます。そして、それらはいろいろなかたちで家族に影響を与えずにおきません。その結果として家族は変化を促されます。

社会は変わっても、あるいは、他の家ではどうであれ、「うちではこうしている」「私のしつけ方針はこうだ」などと、人は自分の生活や考えが自分たち独自のものであるかのようにいいます。けれども、人がどう考え、どうふるまうかという判断の中に、社会はすでに入り込んでいるものです。

フランスの社会学者ジャック・ドンズローは、このようなことをいみじくも「家族に社会は介入(侵入)する」と記しています(宇波彰訳『家族に介入する社会』新曜社、一九九一年)。社会の制度、考え方、モノなどは家族に否応なく入り込み、様々な影響を与え、家族のかたちにも機能にも変化を促さずにはおきません。その影響には「良い」影響もあればそうではない影響もあり、まさに「介入」というのにふさわしい様相を呈します。

工業化と家庭の変化

「社会が家族に侵入」し、家族を変化させた端的な例が家庭電化製品です。これは子どもの教育にも波及しました。

日本の子どもたちは、他国に比べて家事手伝いをしないことをすでに述べました。その理由は、親の「良育」が勉強という知育中心であることが第一ですが、同時に便利になって「子どもに手伝わせる必要がなくなった」ことにもあります。便利になったのは、ひとえに洗濯機や掃除機など家庭電化製品のおかげです。

家庭電化製品がなかった時代、たとえば調理には膨大な時間や手間、知識を必要としました。

次に引用するのは今から一〇〇年ほど前、あるアメリカの医師が、三カ月以上の赤ん坊にとっての「最良の食物」として推奨した調理法です。

「極上の小麦粉約一ポンドをモスリンの袋に入れてしっかりくくる。一二時間これを間断なく煮てから取り出し、そのまま冷やす。食べさす段になって、これを茶さじ約二杯分すりつぶして細かい粉末状にする。この粉末状の小麦粉に、ぬるま湯半パイントを加えて混ぜ合わせ、数分間煮立ててから、人肌の温度にまで冷ます。このようにして出来たうすい粥に小さな鶏卵の白身一個、大きい場合は半個混ぜ、少し甘みをつけて乳児に与える」

（モリー・ハリスン、小林祐子訳『台所の文化史』法政大学出版局、一九九三年）

いま読むと気の遠くなる何工程もの作業で、一人ではとうてい無理で、途中で誰かに代わってもらうことが必要だったでしょう。一二時間、間断なく煮る間、時折かき回すことぐらいは、子どもも手伝ったことでしょう。

もっとも一〇〇年前の外国の例を挙げなくても、同様のことは、数十年前まで日本の家庭でも頻繁にあった風景でした。ミキサーの類がなかった頃、食材を細かくするにはすり鉢しかなく、そのすり鉢をしっかり押さえることは子どもの仕事でした。各種調理器具が普及し、さらに食洗機なども登場して、台所のことは主婦一人で難なくできるようになりました。そこでわざわざ子どもを呼び立てて手伝わせる必要がなくなったのです。

家電製品が家事の省力化・短縮化を進め、主婦を長時間台所に立ちつづける労働から解放したことは、台所の文化史上において大きな変化です。この有用さは広く認められて、洗濯機、掃除機、冷蔵庫は昭和三〇年代「三種の神器」となり、家電製品は急速に普及し生活必需品となりました。

家電製品は誰もが重宝だと認めますが、それはプラスの効用だけではありません。それがもたらしたマイナスの影響も少なくないのです。家電製品が入ったことで、子どもが家事の手伝いをする機会が減ったことは、日本に特有な現象のようです。これは、「家事への家電製品の導入」、つまり「家事の機械化」をどうみるか、また家事をどのような仕事とみるか、あるいは誰の仕事とみるかに関係しています。

洗濯機にしても掃除機にしても機械化とは、単に省力化ではありません。重要なことは、「誰でも同じようにできる」ことを可能にしたことです。機械がない時代は、調理や洗濯についての知識と技能が必要であり、それをもった人でなければできない仕事でした。たとえば、かつての女性は結婚前「家事見習い」として料理や洗濯、ふとん作りなどを仕込まれました。そうした知識と技能をもつ「嫁」＝主婦にしか主な家事はできなかったのです。一九七〇年代、多くの家庭に家電が入ったことは、そうした知識や技能をそれほど必要ではなくしました。機械の使用説明書どおりにすれば、誰でも同じようにできるようになったからです。

しかし、日本ではこの「誰にでもできるようになった」ことがあまり認識されませんでした。主婦の長時間労働を短縮し、主婦が楽になったといった側面ばかりが認識されたのです。そこで子どもの手伝いが不要とされることとなったのです。

概して欧米では、男性も子どもも日本よりもずっと家事をします。とりわけ家電製品が入ったことで、男性と子どもは家事の遂行者として存在感を増しています（総務庁青少年対策本部「子供と家族に関する国際比較調査報告書」一九九六年）。女性の家事時間は男子（夫）と子どもの家事に参加することによって減少しています。しかし日本では家電導入後も男性においても子どもにおいても家事への参入は起こりませんでした。

こうした欧米の変化は男女平等という考えもあるでしょうが、家電製品の効用として何に注目したか、さらに家事というものをどう考えるかということと関係しています。

女性は、仕事も家事も

家電の普及という「社会の家族への侵入」が、欧米では家族のあり方を変化させる契機となったのです。これが日本では起こりませんでした。同じ文明の恩恵を受けながら、「誰にでもできる」という機械化の効用についての認識不足、加えて「家事は女性の仕事」とのジェンダー規範、さらに「子どもは勉強を」という知育第一の考え、これらが欧米との違いをもたらしたのです。

料理や洗濯、掃除などの家事は、いうまでもなく家族の心身の健康と安定した生活を保障する基盤です。そのための労働です。これを担うのが、日本では基本的に主婦・女性の役割になっています。主婦以外の家族が家事をする場合、「家事協力」とか「お手伝い」といわれるように、それはあくまでもオプションとして認識され、家事は主婦という女性の仕事となっています。

こうした体制が確立したのは、男性・夫が外で働き、女性は家庭にとどまり家事・育児を担うことになって以来のことです。一九五〇年代に大量のサラリーマンが誕生したことと連動しています。それ以前の農家や商家では、男性も女性も畑や店などで働き、手の空いた者が臨機応変に家のことも子どもの世話もやっていました。職業時間と家族時間は相互に入り組んでおり、男性も女性もそのどちらにも関わっていたのです。

職業の外部化を契機に、職業は男性、家庭は女性と生活が分離して以来、家庭にいる女性が主婦として家族がらみの労働を一手に引き受けることになりました。いわゆる性別分業です。これは不平等だと非難されることが多いのですが、一概にそうとはいえません。かつては、女性にはごく限られた職業しかなく、他方、男性の労働は(女性より)稼ぎがいいという状況でしたから、男性は職業につき、女性は家庭の役割をこなすという分担は、それなりに理にかなったものでした。性別分業で行うしか手がなかったし、それが効率的な方式でもあったのです。

その後、状況が変化し、女性にも職業の道が開かれました。いま、夫妻共働き家庭が、夫だけが稼ぎ手である家庭を上回るほどになりました。完全な性別分業家族は減少しました。

しかし、女性は仕事をもっても、家事は依然として女性の役割である場合がほとんどです。女性にパート職が多いのはいろいろな事情がありますが、その一つには「家事に差し障りのないように」働くためです。女性自身も主婦という自覚からこの条件を大事にしますが、それ以上に周囲がそれを求めます。すでに述べたように妻が働くことを夫が認める場合に、「家事や育児をおろそかにしない」「差し障りのない程度に」と釘をさすことも稀ではありません。

こうした認識は現在でも広く社会に共有されています。経済効率を最優先する企業では、出産し子育てを抱えた女性が働きつづけることは期待せず、また好まないといってよいでしょう。出産を機に退職した女性が再就職するのは至難の業です。家事・育児は依然として女性の仕事と考えられているからです。

仕事をもつ女性は、「すまない」という意識をもちやすいものです。これは自分の役割である(と思っている、期待されている)家事や子どもの世話を、(無職の主婦のように)十分にしてやれない（やらない）自分を責めての感情です。ここにも、家事は女性の仕事という規範意識の強さが、女性自身にも強いことがみてとれます。

「すまない」との気持ちは会社や職場に対しても抱きます。多くの会社が人件費抑制のために従業員を減らし、一人一人の労働は過密になっており、猛烈な働き方が要求されます。子育てに時間をとられる女性はそうした働き方ができず、会社や職場にも「すまない」と感じることにもなります。こうした二重のストレスが女性の未婚化、さらには少子化の遠因でしょう。

失われる家庭ならではの教育力

いまに比べてかつては、家族がもっとまとまっていたという見方があります。しかし、家族のまとまりが弱まったのも「社会が家族に侵入した」結果の一つなのです。「まとまっていた」のはまとまる必要があったからで、好んでそうしていたとは限りません。また「ばらばらになった」と悲観的にみずに、拘束が弱まり自由度が増したとみることもできます。

いまから五〇～六〇年前、日本の多くの家で春と秋に大掃除が行われていました。家中の畳を全部上げ、外に運んで干す。畳の下の床を掃除し、薬を撒いて新聞紙を敷き替える。干した畳をたたいて取り込んで元の位置に敷く、板戸や廊下は水拭きし乾拭きする……。このように、一日がかり、一家総出の行事でした。労働そのものも楽ではありませんでしたし、友だちと出かけたいなどといった、自分の希望も都合も通らないことは、子どもにとっては苦痛でした。

　この大掃除の習慣はいつしか消滅しました。道路も完全舗装化され、サッシによって砂塵の侵入を遮断することが可能となったことなどが一因です。ほうきやはたき、雑巾などとは比較にならない有能な電気掃除機によって日常の清掃は完璧にこなせます。一家総出の大掃除という労働の消滅はひとえに、これら文明の利器のおかげであり、それが家庭に侵入した結果です。大掃除の消滅は家族のメンバーを家の行事という拘束から解放し、個人の自由度を増しました。けれども、失ったことも大きいのです。

　子どもが成長するにつれて、親から子どもが当てにされて、それに応じて子どもが力を発揮して、ありがたがられる。認められた子どもは自信をもつ。そうしたことが、この「大掃除の時代」にはありました。

　もちろん大掃除に限らず、こうした体験は、家族が一緒に働くことによって得られるものです。また家族中のおとなも子どももそれぞれが精一杯協力して働き、一つのことを成し遂げるという喜びや、あるいは、家の中がきれいになることで爽快感や満足感を共有することもできます。

　しかし、このような体験の機会は現在、失われています。こうした現状を考えると、「してあげる」のではなく、子どもにできることはあえて親は「してやらない」、すなわち自分でする機会をつくるといったことを、今日では、特に心がける必要があるのではないでしょうか。

日本では、主婦の子どもの世話を含む家事時間は子どもが年長になっても減少しません。これは欧米とは大きく違う点です。ここにも、「できるだけのことをしてやる」という〝愛情〟が働いています。そして、その〝愛情〟が子どもの自立を阻んでいることはすでに述べました。家事をよくする子どもは、社会的関心が強く積極性に富み自立に優れていることは実証されています(品田知美「子どもに家事をさせるということ」本田由紀編『女性の就業と親子関係』勁草書房、二〇〇四年)。社会に生きる意欲と力が養成されるのでしょう。

ある知人の家庭では、五歳の男児が洗濯の係だそうです。大変そう、かわいそうと思いきや、その子どもは「僕がうち中の洗濯をやっているんだ!」と誇らしげに話しているとのことです。家電製品の「誰でもできる」効用をみごとに活かし、子どもの力と存在意味を自他ともに認めさせる素晴らしい方法ではないでしょうか。

人類、家族にとっての共食の意味

さらに家族の機能として注目すべきことは、食事の機能です。それは単に栄養補給ということだけではありません。人にとっては、コミュニケーションという重要な役割があるのです。

いまからおよそ三〇〇万年前頃、人類に男女とその子どもから成る家族が成立しました。その契機となったのは性と食です。性が契機だということは、男女を結びつけ、子を産み育てるうえで必須なのでわかりやすいでしょう。

一方、食の方は少し複雑です。他の動物では、食は基本的に自分でみつけ、自分だけで食べる自食です。もちろん、子どもがごく小さい間は給餌しますが、飛ぶなり歩くなり自力で移動できるようになると、親は食べ物はやらず自分で餌を探させます。そうなると、子もおとなもそれぞれ自分で餌をみつけそこで食べることとなり、一緒に食べるということはないのです。一緒に食べていても、それを楽しんでいるわけではありません。

ところが、人間では家族が一緒に食事をする、共食が起こりました。それは人間だけがもっている力と心の結果です。二足歩行になった人類は、みつけた食物を空いた手(前足)でつかみ運ぶことができるようになりました(手がない四足動物では、運搬は口でくわえるしかなく、それには限界があります)。どこへ運ぶかといえば、性の相手と自分との間に生まれた子のところです。人間は妊娠と哺乳の期間が長く、その間、大量の栄養を必要とします。出産の前後、女性は自分で食糧を調達できませんから、性の相手である男性がそこへ食糧を運搬したのです。母子の生命を守るためです。

それだけではありません。食べ物をもっていったら相手は喜ぶだろうと思う「他者の心を推論する力」を人類はもっています。さらに、相手と食を共にすることにも喜びを見出したのです。相手を喜ばせることが自分にとっても嬉しいことだと思い、感じる力を「心の理論」といいますが、動物にはない人類の高い知能の一環です。このように一緒に食事をする共食が、父母子が一緒にいるという物理的接近だけでなく、父母子の間の心理的つながりを強めました。これが家族が誕生した経緯です(山極寿一『家族の起源』東京大学出版会、一九九四年)。

誰かと食事を共にすることは、いまも親しみを増す楽しいできごとでしょう。学生でも職場でもことあるごとにコンパや飲み会をするのも、共食に相手との親密な関係や連帯を強める効用があるからです。

共食は、いま

このように人類家族成立の契機であり、いまも親密さを強める効用がある共食は、いま、家族の中ではどうなっているでしょうか。家族の絵を描くようにいうと、食卓を一家が囲んでいる風景を描く子が二〇年ほど前には多かったものです。いま、このような家族の食事風景は稀になりました。

家庭の食事を誰が何を食べたか、それは家で調理したものか、買ってきたものかなどを詳細に調べた、岩村暢子による『変わる家族　変わる食卓』(勁草書房、二〇〇三年)というルポルタージュがあります。同書では、いろいろな家庭の食卓に並ぶお皿や料理が写真入りで紹介されています。

それをみますと、一家集まって同じ食事をテーブルを囲んでという、かつてどこの家でもみられた風景は影をひそめています。子ども一人でスナック風のものを(夕食に)食べている、家族一緒だけれどもそれぞれ別々なものを食べている、テレビ鑑賞が主で簡単な食物をつまんでいるといった風景が少なからず登場しています。そして家で調理せず、買ったお惣菜やレトルト食品、菓子パンなどが多いのも特徴です。

自宅通学の学生に最近家族で食事を一緒にしたのはいつかを尋ねますと、平生は朝食も夕食も家族それぞれが勝手な時間に食べ、家族一緒での食事は何か特別な行事のときぐらいというのが、平均的な答えです。この例からも、家族で食事を共にするということが、日常的でない事情がうかがえます。

このように、家族の共食は減少し、家族の機能から食事は後退しました。それは、調理の簡便さに加えて、「中食」といわれるお惣菜購入など、新しい慣行が台所に侵入した結果です。「以前は家族が皆一緒だった、まとまっていた」と昔を懐かしむとき、一家揃っての食事という風景を思い浮かべてのことが多いでしょう。

確かに食卓の団欒《だんらん》は少なくなりましたが、慨嘆すべきことばかりではありません。「中食」も電子レンジも冷蔵庫や冷凍庫もなかった頃、家族は夕食の時間までに帰宅するようやかましくいわれたものでした。調理器具も不備だった当時、調理したものをその場で一斉に食べることが必要でした。温かいものは温かく冷たいものは冷たく、料理をおいしく食べるにはそれしかありませんでした。いまは買ってきたものでも作りおきのものでも、電子レンジで温めればすみ、外食産業も充実しています。「皆で一緒」でしかできなかったときのように夕食時間に拘束されず、個人の行動や時間の自由度が増したという見方も可能です。

しかし、子どもの育ちにとってはマイナス面も考慮しなければならないでしょう。子どもたちが、家族と一緒ではなく孤独な食事を行っていることには、やはり問題もあります。共食は、そこに集う人々とのコミュニケーションであり、それぞれの人の持ち味から多くの刺激を得る機会です。同じ家に住んでいても親、きょうだいのことは案外知らず、また皆で話す機会も少ないものです。食事を共にする中で、どのような意見をもっているのか、どのようなことをしているのか、何か困っていることはないかなど、家族のメンバーについて自然に知ることができます。親にしてもきょうだいにしても、改まって自分の意見だの性格だのと話すことはなくとも、皆と一緒に食事をするという場面は相互理解の格好の機会です。

このような共食の役割をもう一度考え直す必要もあるように思います。共食に限らず、家族がゆったりとコミュニケーションをとれる機会をもつ工夫が必要でしょう。このためには、第5章で詳しく述べますが、長時間労働という働き方を変えることも必要でしょう。朝ご飯さえ食べずに登校する子どもがいる背景には、親たちの遅い帰宅、ひいては遅い夕食―就寝といった生活時間の問題は密に関係しているからです。

2　変貌する結婚と家族

低下する結婚の価値

社会が侵入したのは家族だけではありません。家族を形成するか否か、つまり結婚の価値、そして夫婦の関係にも「社会は侵入」しました。

晩婚化は進行しつづけ、非婚化の傾向さえみられています。長らく国民のほとんどが結婚する「皆婚社会」だったことを考えると、大きな変化です。これはひとえに社会変動を震源とする結婚の価値の低下によっています。

外食も中食もない時代、手慣れた主婦の手は男性には生活必需品でした。他方、自分の労働による稼ぎで生活する道が閉ざされていた女性には、結婚して主婦役割をすることで生活を保障されることが必須のことでした。

この状況を社会が一変させたのです。家事の機械化・外部化は、男性が家事を誰かに頼らなくてもすむようにしました。他方、労働力の女性化(労働の機械化・情報化が労働力として強い筋力をもつ男性の優位を減退させたこと)は女性にも職業で稼ぐ道を開き、女性は誰かに養ってもらわずとも、あるいは、どこかの家に属さずとも生きていけるようになりました。

このように、以前は男性にも女性にも結婚はいわば、生活するうえで必要な制度でしたが、そうした結婚の価値が減退しました。結婚しなくても不便を感じずに生きていけるようになったのです。そのことも晩婚化さらに非婚化が進展した背景です。

さらに、かつては「結婚するまでは性の交わりはすべきでない」とされていましたが、性は「愛情があれば」さらには「合意すれば」となり、性の自由化が急速に進みました。このことも晩婚化や非婚化を促した要因です。こうなると、結婚することに、かつてのように大きな価値を見出すことは難しく、まして、のちに述べるような結婚による〝リスク〟をも考えれば、結婚しない、あるいは、結婚しても長く継続しないということにもなります。

恋愛結婚と女性の不満

いま述べたような変化とほぼ同時に、それまでの見合い結婚は減少し、ほとんどが恋愛結婚となりました。女性の高学歴化や有職化などによって、男女が直接知り合う機会が増えたからです。このことは、夫と妻の関係に、見合い結婚の場合とは異なる特徴をもたらしました。それは夫と妻の対等性です。恋愛結婚夫婦は年齢、学歴、職業体験、家の格などにおいて男女差が小さくなり、ほぼ対等であることが特徴です。男性しか働けなかった時代とは異なり、女性も働いて稼ぐことができる点でも基本的には対等です。

ところが、現実には対等性は容易ではありません。女性が職業をもっても、家族役割は依然として女性の担当です。これに対して男性と家族の関係は「家族をもつ」「家族もち」という言葉に象徴されています。すなわち、家族を「もつ」ことはあっても、主体的に家族の役割を果たすこと、言い換えれば「家族をする」ことが、とても少ないのが現状です。

かつて、働くことが男性の役割であり、男性だけしか稼ぐことができなかった時代、あるいは、夫の方が学歴も年齢も上といった時代では、女性は無償で家事・育児をすることに意味がありました。男女それぞれが自分のできることをして、相手(のできないこと)を補う相互扶助の巧妙な関係だったともいえます。そうした状況では、女性が不平等感を抱くことは、あまり考えられませんでした。

しかし、いまや男女いずれもが働き、家事をする時代となっています。また、年齢も学歴もそれほど差がない場合が多いでしょう。にもかかわらず、実際には、女性は働いていても家事役割を全面的に担う場合がほとんどです。

しかも、子育て中は、保育園の送り迎えや子どもの病気などで時間をとられてしまいます。正規雇用を大幅に減らすなどの現在の厳しい職場環境は、子育て中の者にとっては居心地のよいものではありません。そのため、やむを得ず退職に追い込まれることにもなってしまいます。

このような状況に女性たちは夫に対して「ずるいんじゃない」と思うようにもなるでしょう。育児不安にも、自分と夫との落差への不満が含まれていたことは先に述べたとおりです。女性の方は、こうした結婚や育児によって(女性のみに)もたらされる不利を見越しており、そのことが結婚、出産に踏み切れないことにもつながります。その結果としても、晩婚化・非婚化、少子化が進むことにもなります。

このような不安や不満を抱いている女性・母親が育児すること自体、子どもへの関わりが歪みやすいことは想像に難くないでしょう。「なぜ自分だけが」との不満が子育てをうとましく思い、子どもへ怒りをぶつけたり、ひいては虐待してしまったりすることは、けっして特異な事例ではありません。あるいは、自分自身の成長を諦めて、子の「成功」に賭ける「教育ママ」も、夫と妻の非衡平的関係の延長線上にあるといえます。

家族の中に進む個人化

男性は結婚しても生活にさしたる変化はない一方、女性では変化が大きいというのが、日本社会の変わらない現状です(ちなみに結婚・出産で退職する女性は、二〇〇五年現在で約六七%もいます。国立社会保障人口問題研究所「出生動向基本調査(二〇〇五年)」二〇〇六年)。

結婚・出産によって職場を離れ、子育てや家事に専念することになると、「個人」として生きる時間も空間も著しく狭められることになります。このことは「個人」として生きることが当たり前とされている今日では、女性に大きなストレスを与えます。

すなわち、今日においては、家族の中で妻であり母であっても、個人として生きることを求める心理が強く働くのです。このことは、「家族の中の個人化」といわれます。

「夫婦でも、私は私」「自分の世界をもつことは私にとって重要だ」「家族からでも、邪魔されたくない時間がある」といった気持ちは、家族の一員であり妻・母でありながらも一人の個人としての時間空間を確保したいとの「個人化志向」を示すものです。この「個人化志向」は、妻では世代を超えて強く認められています。「夫の喜びは私の喜びだ」「夫が言わなくても、私には夫の気持ちがわかる」「夫婦は一心同体だ」など、長らく夫婦の理想とされてきたことに同調する傾向は弱まっています。

このような女性の「個人化志向」に対して自己中心的だ、夫・家族をないがしろにしているなどと非難する声はいまでも根強くあります。しかし、これをたんに女性のわがままととらえることは間違いです。女性の「個人化志向」は、社会の変化によって必然的に起きたものです。

今日、日本では単世帯(一人世帯)が増加していますが、とりわけ顕著なのが高齢女性の単世帯増加です。以前は夫が亡くなり、一人になると子どもの世帯に吸収されるのが通例でした。

老いても一人で暮らす選択をしている人が増えている背景には、自分のペースと好みで「個」として生きることへのこだわりをみることができます。長らく老後の生活の理想は「孫や子に囲まれて楽しく」といったものでしたが、現在では「自分の生活は大事にして別々に暮らして時々会う」という志向が優勢になっています。ここにも「家族一緒」という考えが後退し、「個」として行動し生活する方向へとむかう変化がみられます。

長命と少子が促した女性の「個人化」

人の寿命が延び(長命)、子どもが少なくなったこと(少子)も女性の「個人化」を促した決定的な条件です。かつては女性が平均五、六人の子を産み育て上げると、それほど年を経ずに寿命がつきてしまうような時代もありました。母親として精一杯のことをする、(夫は概ね先に死にましたから)最後は女手一つで、すべての子を育て上げることで、子どもから感謝され、周囲からも賞賛されて充実した人生を終えることができました。

しかし、その状況は一変しています。長命と少子という変化は、母親役割の期間を長い人生の中のごく一部にしました。子が巣立った後の長い時間をどう生きるか、などを考える必要が生じることになります。かつての「母として充実した一生」といった考えはいまや幻想となりました。嫌でも「個」として生きる必要に迫られ、「私」というテーマが浮上したのです。

子どもが離れたあと虚脱状態となってしまわないよう、母としてでも妻としてでもない「個」として生きること、あるいは、生きなければならないことを真剣に考えざるを得なくなりました。子育て世代に限らず、世代を超えて女性に強い「個人化志向」は、長命にして少子という現実がもたらした必然なのです。

生き甲斐としての家族役割の衰失

家電製品の導入も女性の心理を変えました。家電製品がない時代、主婦は結婚前に身につけた知識と技量、さらにその後の努力も加えて料理の腕をふるい、家族に美味しい食事を提供しました。その腕前と献身は家族から賞賛され感謝されましたし、評価されもしました。こうして料理上手であることは主婦の誇りとなり、さらに励む生き甲斐ともなっていました。

家電製品に加えて食の外部化、商品化は、この生き甲斐を減退させました。手間と時間をかけ、自分の知恵と力を発揮することで家族から喜ばれ感謝される、誇らしく感じる、そうした機会を奪ったのです。

このことも女性を妻・主婦役割に安住できなくさせました。料理が上手だからといって「賢夫人」などと褒められることもありません。そのため、家事以外のことで自分を活かしたい、個人として自分の力を発揮したい、あるいは、そうしなければならないと思うようになっても不思議ではないでしょう。

結婚というリスク

結婚の価値が低下したのと同時に、リスクも大きくなったことも女性の個人化志向を促している背景です。近年、離婚が増加しています。とりわけ中高年の離婚増が顕著です。以前なら二〇年余も連れ添った夫婦が離婚するなど、ほとんどないことでした。

現在、離婚が増加している中高年は、子を育て上げ、そろそろ夫婦二人でゆっくりという時期です。以前は子育て終了後の夫婦二人の生活は、それほど長いものではありませんでした。それが、長命となり著しく延長しました。配偶者の介護もその間生じます。最近、進んできている高齢期夫婦の研究によりますと、七〇歳以上で現在、健康な男性の七四%は、自分が寝たきりになったときの介護は妻を当てにしており、一方、夫を当てにする妻の方は三〇%にすぎません(直井道子『幸福に老いるために』勁草書房、二〇〇一年)。しかし結婚以来の夫婦関係がよほどよくなければ、高齢期の配偶者介護は危ういでしょう。

高齢期カップルの夫婦関係の質と幸福感との関係を検討した最近の研究によりますと、夫と妻が相互に愛情をもって尊敬し合い、結婚に満足している調和的な夫婦は四〇%で、残りの過半数は表面的に仲の良さを取り繕っていたり、片方が妥協したり我慢したりしている夫婦だということです（宇都宮博『高齢期の夫婦関係に関する発達心理学研究』風間書房、二〇〇四年）。このような夫婦では、配偶者の介護が大変難しいことは容易に予想されます。次に掲げる、六五歳の女性による投書「止められない暴力」は極端なケースにみえますが、長年の夫婦の関係が介護という危機的状況には悲劇となる事情を伝えています。


「また夫に暴力を振るってしまった。もうやめようと固い決意をしたのに。

夫は七五歳で、まだらボケがある。いくつも病気を抱えて週三回の通院に付きそう。トイレと食事は自分でできるのでありがたいと思う。一人で外出するが、時間の感覚がないので、遅くなると探しに行く。このぐらいは苦にならない。

が、私が腹を立てるのは、夫が若い頃から身勝手で、妻などは自分や家族のために働く道具ぐらいに思い、田舎者の私だけでなく、私の実家の悪口を毎日の酒のさかなにしたことだ。若かった私は何の反論も出来ず、どれほど悔しい悲しい涙を流したことか。全部子どもたちのためと耐えた。

それを見かねた神様が、私の味方をし、今では立場が逆転してしまった。それでも夫の性格は直らず、今でも私をバカにしたりする。私が暴力をふるってしまうのはそんな時だ。あの頃と同じ憎らしい夫の顔、あの時もこんな顔だったとつい手が出てしまうのだ。

今、高齢者への虐待が問題になっている。もちろん虐待はよくないが、高齢者のなかには妻や夫、息子の妻などへの来し方に原因がある場合もあるのではないかと思う。自分のことを大事にしてくれた人なら、老いて手間のかかるからといって暴力など出来るものではないのではないだろうか」
（『朝日新聞』二〇〇三年一一月二〇日付）

このように、夫婦二人でゆっくり「おだやかな老後」というイメージはもち難くなりました。結婚の理想とされる「添い遂げる」「死が二人を分かつまで」となるには、老後は長過ぎるものとなったのです。

日本の夫婦関係は、恋愛結婚になったことで結婚直後の満足度は夫と妻は等しく高いのですが、年を経るほどに夫は満足、妻は不満と大きなギャップが生じます（図3-1）。「もう一度結婚するとしたら誰とするか」の問いに、中高年男性・夫の七一％はいまの妻を選びますが、女性・妻で今の夫と回答するのは四三％に過ぎません。夫と妻の結婚満足度は年を経るほどにずれていくのです（柏木惠子、数井みゆき、大野祥子「結婚・家族観に関する研究」『第7回日本発達心理学会大会発表論文集』一九九六年）。

「愛情がなくなったら離婚するのがよい」という意見は、世代を問わず広く人々に支持されています。愛情が結婚の基盤とされ、そこで恋愛結婚となったのですが、他方で「愛は永遠に」などということは幻想であり、愛情はうつろいやすいことにも気づいたのです。妻側に不満が強いのは、家庭内での非衡平な関係や「個」として生きることの難しさが関係しています。これらの不満や鬱屈を抱えたままやり過ごすには、老後はあまりにも長過ぎます。離婚に踏み切る妻が「もう一度生き直したい」「自分を生きたい」というほど、老後は長くなったのです。

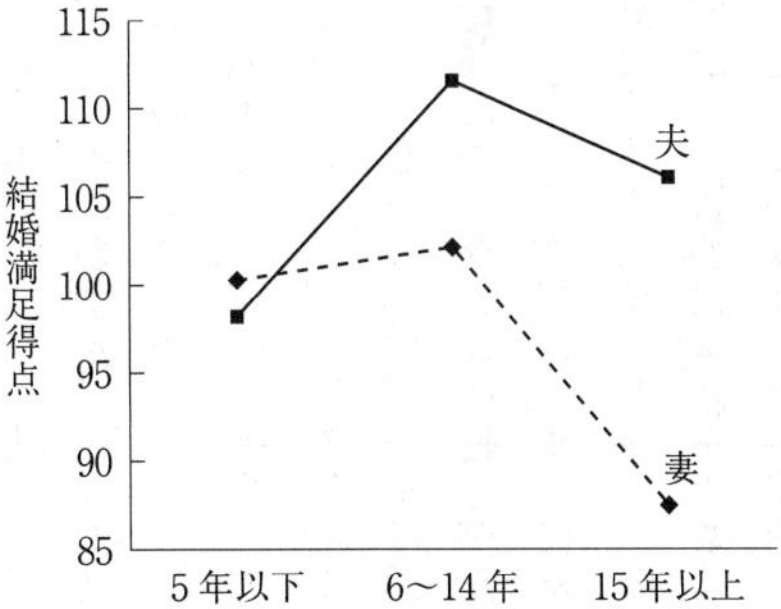

出所：菅原ますみ，小泉智恵ほか「夫婦間の愛情関係に関する研究」(1)-(3)『第8回日本発達心理学会大会発表論文集』1997年

図3-1　結婚・配偶者に対する満足度

夫婦関係と親子の関係

中高年夫婦にみられる著しい結婚満足度のギャップは、突然生じたのではありません。その遠因は子どもが誕生したときにさかのぼります。アメリカの家族・発達心理学者がアメリカの夫婦についての研究成果をまとめた、『子供をもつと夫婦に何が起きるか』(ジェイ・ベルスキー、ジョン・ケリー、安次嶺子訳、草思社、一九九五年)という本があります。同書の指摘することを簡単にいえば、アメリカでは、子どもの誕生によって夫婦の愛情とパートナーシップが弱まる、そのため配偶者満足度が一時低下する、

というものです。つまり、子どもは夫と妻の間に打ち込まれる〝くさび〟だというのです。日本で「子はかすがい」「子は宝」などといわれるのと大分違います。なぜこのような違いが起こるのでしょうか。

欧米では、家族の中心は夫婦であり、そのパートナーシップが最も重要です。子どもがいるからといって、夫婦の生活や行動を変えることはありません。必要に応じて子どもはベビーシッターなどに預け、夫婦はおとなの生活を大事にするのが通例です。子どもがいるからとか、母親だからなどと活動を控えることは通用しません。夫婦中心家族といわれます。

一方、日本では、確かに結婚当初は恋愛の延長として夫婦中心です。しかし子が誕生するや、恋愛以来の夫婦のパートナーシップは横においてしまいます。夫と妻はそれぞれ父母になりますが、実質的に「親をする」のは母親だけというのが圧倒的に多いのです。「男は仕事、女は家庭」という性別分業体制が子どもの誕生を契機に成立します。親子中心あるいは子ども中心家族といわれます。夫婦関係よりも子どもを中心にするのです。あるいは、実質的には、家族の中心は親子というよりも母子といえるのかもしれません。

このことを端的に示すのが家族の就寝パターンです。子の誕生以前は、ほぼ例外なく夫婦同室就寝ですが、子が生まれると子は夫婦の寝室やベッドに入り込み「川の字」になるのが、日本では通例です。なかには、夫は別室で母子が同室というパターンさえ珍しくありません。子どもが四歳頃まで母親の共寝は続きますが、これは夫婦中心の他国ではみられない特徴です。

それは、「子は母親と一緒にいるのがよい」「子どもには母親が絶対」という考えが日本では強いからです。そして父親が妻と別室になる(欧米からみれば夫婦の危機とみなされるでしょう)のは、子の夜泣きで父親の安眠を妨げては仕事に差し支えるとの配慮から、ほとんど疑問なく行われるのです。つまり父親は、子の父としてでも妻の夫としてでもなく、なによりも職業人として遇されているといえるでしょう。

父は仕事、母は育児という分業体制は、それを夫婦間で決めた時点では、うまくいくと見込んでいたのでしょう。けれども、この安定は長くは続きません。親役割をひとりで担う母親にも、具体的直接的な親役割はしない父親にも次第に問題があらわになります。すでにみてきたように、仕事を辞めて専業の母親となった妻は、有職の母親以上に育児不安に陥る傾向があります。また父親の育児不参加が、母親の不安や不満を増幅させます。そうした夫婦間のあつれきや不調和が子どもにも波及し、子どもの問題を引き起こす背景になっているのです。

子どもは、当初は夫婦にとって新しい生活の〝かすがい〟です。しかし、育児だけの生活をする母親にとっては、子どもが、自分に社会的孤立・疎外をもたらし、「個」としての生活を奪う、いわば〝くさび〟にも映じるようになります。母子関係が強いことは、逆の見方をすれば、夫婦関係の弱さを表しています。すなわち、夫婦間におけるパートナーシップの不在ともいえます。それらが、育児不安に大きな影響を与えているのです。

3　高まる家族内ケアの重要性

家族内ケアという視点

母親の心理的安定は、夫婦関係と配偶者に満足しているか否かが密接に関係しています。先の図3-1でみたように結婚満足度は、概して年を経るに従って、妻では低下し、夫との間にズレが生じます。なぜこのようなギャップが生じるのでしょうか。母親の不満や不安は、単に自分だけが育児を担っているということにとどまりません。育児に限らず、家族となった夫と妻が担わなければならない役割には、家族の心身を安寧にするためのケア行動というものがあります。この家族内ケアの分担が妻に偏っていることも、妻の不満、不安を引き起こす原因となっている場合が少なくありません。

家族生活には三種のケアがあります。家族全員のための家事、子どもが誕生した後の育児、それと夫と妻の間の心身のケアです。三つ目の夫と妻の間のケアは、相手の心身の状態に配慮し、支えあう行動です。

この三種の家族内ケアについて、子育て期の夫婦を対象に調査した研究があります(平山順子

「家族を「ケア」するということ」『家族心理学研究』一三巻一号、一九九九年五月）。そこでは、夫と妻がそれぞれ、どの程度ケアを行っているかについて詳しい回答を求めて、夫と妻のケア遂行度を比較しています。この研究の結果では、いずれのケアについても妻が圧倒的に多く行っています。そして夫は自分が誰かにケアを与えるよりもケアを受ける立場にいる、というのが全般的な傾向としてみられます。このことを夫と妻の遂行を得点化し、その差に基づいて分類・分布を示したものが図3-2です。

妻が専業主婦の場合は、夫の家庭滞留時間が限られているので、そうした結果となるのはある程度やむを得ないことでしょう。夫も妻も納得していれば、それなりの安定をもたらすでしょう。ところが、このケアに偏りがあることが、妻の配偶者や結婚に対する満足度を低下させています（図3-3）。家事・育児はともかくとして、夫と妻が心身のケアを相互交換することは、恋愛結婚夫婦にとって最重要だったことです。このケアは家事や育児とはちがって家庭在留時間にそう左右されずに、本人の意思によってできるはずのものです。しかし、実際は、もっぱら妻ばかりがケアし、夫からケアされることが少ないのです。恋愛結婚が一般的となっても、そうしたカップルが依然として多いのです。

家事・育児だけでなく、夫と妻の間でなされるべきケアまでも妻がほとんど担っているということには、ケアは女性の役割とする社会的な暗黙の前提もうかがえます。夫婦間のケアはやがて介護の問題につながります。すでにみたように、高齢期の夫の七〇%以上が自分が寝たきりになったときの介護者として妻を希望していることにも、ケアは女性の役割とする考えの根強さをみることができます。

公平や自由は今日、誰もが認める重要な理念です。しかし、その理念は家族という私的領域ではそれほど重んじられてきませんでした。家族は公的な世界や一般の集団とは異なり、利他性つまり無私の愛の働くところとされ、それらの理念が及ばない、いわば〝治外法権的聖域〟とされてきたのです。女性が無償でケアを引き受けることも当然視されてきました。

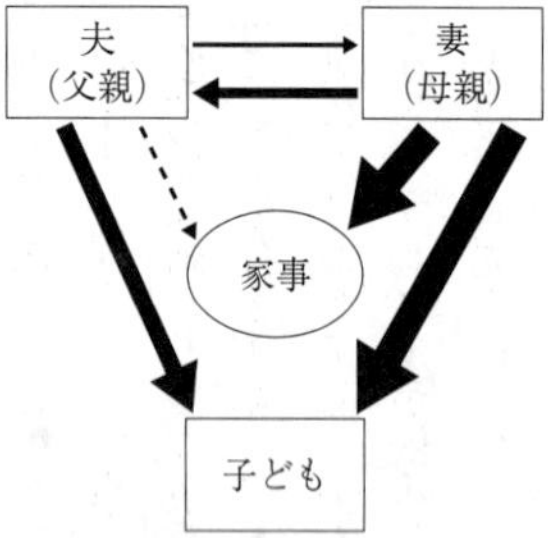

出所:平山順子「家族を「ケア」するということ」『家族心理学研究』13巻1号, 1999年5月

図3-2 家族メンバー間のケア関係

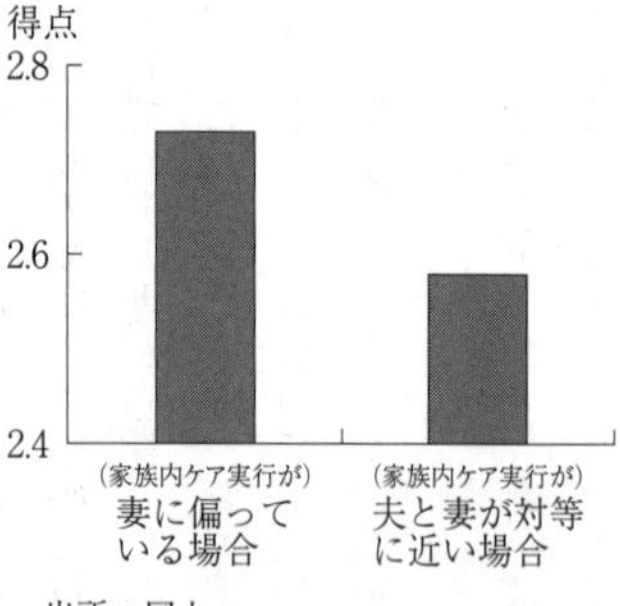

出所:同上

図3-3 妻の家族内ケアをしている時の否定的感情

しかし、このことは家族機能の変化とともに、当然、見直しが迫られつつあります。性別分業が最適性をもっていたときは終り、ケアをめぐる非衡平性に女性の側も敏感となっています。女性の側から「ずるいんじゃない」という異議申し立てが起こるのは当然です。

夫婦のコミュニケーション不全

仕事と家庭と夫婦の役割を分けた場合、当然のことながら、夫婦はそれぞれ生活体験を異にすることになります。そのことで大きく変化するものの一つが、コミュニケーションのスタイルです。

日本の夫婦は概して会話が少ないのが特徴です。日本では、「いわなくてもわかってくれる」「(黙っていても)わかり合える」といった関係が理想であり、それができるのが夫婦のよさと長く考えられてきました。

けれども、こうした考えは、今日の夫婦では通用しません。特に妻の側に夫とのコミュニケーションの不在や不通を嘆く声が多いのです。夫は満足しているのに妻は不満を感じているといった心理的ギャップが大きくなる中年期の夫婦(恋愛夫婦)について、夫婦間の会話を克明に分析・検討した研究が盛んに行われるようになってきています。そこで明らかになったのは、夫と妻の対照的なコミュニケーションスタイルです。

表 3-1　夫と妻のコミュニケーション

態度次元(項目例)	コミュニケーション態度の方向と程度	夫婦間得点差
威圧(6 項目) 日常生活に必要な用件を命令口調で言う 話の内容が気に入らないとすぐ怒る 相手より一段上に立って小ばかにした受け答えをする	夫 ━━━━▶ 妻	0.40
無視・回避(4 項目) 相手の話しにいい加減な相づちをうつ 他のことをしながら上の空で聞く	夫 ━━━━▶ 妻	0.33
依存的接近(7 項目) あなた自身の悩み・迷い事があると，相手に相談する 会話が途切れるとあなたの方から話題を提供する	夫 ◀━━━━ 妻	−0.33
共感(5 項目) 相手の悩み事の相談に対して，親身になっていっしょに考える 相手に元気がないとき優しい言葉をかける	夫 ←――― 妻	−0.11

注：矢印部分は夫婦間得点差をもとに作図したイメージ図
出所：平山順子，柏木惠子「中年期夫婦のコミュニケーション態度」『発達心理学研究』12 巻 3 号，2001 年 11 月

夫の方は、相手に対する話のやりとりが少ない、頭ごなしに結論を出す(主張や威圧)、都合が悪くなると黙り込む、聞き流すなど「無視・回避」が強い傾向がうかがえます。これに対して妻は、相談を持ちかける、話題を出すなどの「接近」、あるいは相手の身になって共感する、励ます、やさしく話すなど「共感」の傾向が強い特徴がうかがえます。ここにみられる二人の関係は対等とはいえないでしょう。夫は上から妻は下からというもので、現在にいたっても、妻は夫を立て気持ちを汲んで何

とか対話しよう、会話を弾むものにしよう、という風景がうかがえます(表3-1)。

どうしてこのようなギャップが生じているのでしょうか。いまの夫婦は恋愛結婚が普通です。恋愛中はもちろんのこと、結婚当初は、親密に活発に話し合い、それがお互いの魅力の一つとなっていたはずです。結婚する理由には、話が合うというのは大きな要素です。自分の思うことを最も話せる相手であり、話をするのが楽しいといったことです。それが、なぜ、このように会話が弾まないどころか、夫と妻とが上下的なものになってしまうのでしょうか。

夫婦に入り込むジェンダー観

結婚したら以心伝心の関係で、夫婦の間ぐらい気を遣わずにすませたい。こういう気持ちもあるでしょう。実際、夫の方にこう考える傾向がうかがえます。けれども妻の側は夫との対話不全を寂しく不満に思っている場合が多いのです。とりわけ専業主婦の方にその傾向がうかがえます。専業の妻が接するのは、普段、子どもや近所の人などが多く(もっとも最近では、近所との接点も少なくなってきていますが)、社会的に孤立しがちです。したがって、夫はおとな同士の対等な会話のできる、貴重な相手です。にもかかわらず、夫と共感的に話せないことは、自分が認められている、あるいは、支えられているという実感をもてないこととなります。

夫との対等で共感的なコミュニケーションとは、自分が夫から認められ、自分の立場や問題を理解してもらえることです。すなわち、それがケアにほかなりません。自分は夫に対して共感的に向き合っているのに、夫からはそうした対応がない状況は、つまり自分はケアしているがケアされることがない状況です。それは妻にとっては悲しく、夫との関係への失望になることは想像に難くないでしょう。夫とのコミュニケーション不通や不在は、多くの妻たちが感じています。もう期待せず諦めてしまっている場合も少なくありません。そのことが、子どもや家族外の友だちとの関係に傾斜していく一因となっています。

このことを「ことばは男が支配する」と社会言語学者がいみじくも述べているところで（スペンダー・D・レイノルズ、秋葉かつえ訳『ことばは男が支配する』勁草書房、一九八七年）、異性間の会話につきものの特徴が、夫婦間にも入り込んでいるともいえます。男女の会話を分析すると、新しい話題を出す、話題を切り替える、相手の話しを遮るなど主導権は男性がもち、他方、女性は同意する、相手の話を補うなど従属的役割をとることが多いのです。男性が上位にあって相手をリードし、女性はそれに従い相手に合わせるという関係です。これは社会の男女への期待——男性は強く論理的でリーダーシップを、女性はやさしく従順に、というジェンダー規範が内在化されたものでしょう。

男女平等が思想としても実際の行動においてもかなり浸透している現在でも、男性と女性が通常の友人関係から恋愛関係になると、ことばもふるまいもジェンダー化する傾向が見出されます。外出先やメニューの決定を男性に委ねる、女性は相手の世話を何くれとする、といった行動です。この男性がリードし、女性は従うという、恋愛中に成立した関係が結婚後にも持ち越されて、いま述べたような夫婦のコミュニケーションになりやすいのでしょう。

二〇年ほど前、国鉄(現ＪＲ)が「フルムーン」という夫婦づれの割引チケットを発売しました。「振り向けば君がいて――」というコピーで、中高年夫婦の写真を入れたポスターが使われていました。ともすると、社員旅行や出張ばかりだった中年男性に、これまであまりしてこなかった妻との旅行をさせるために、フルムーンチケットを買わせようとしての企画でしょう。夫はその気になっても、誘われた妻は、話の弾まない夫とよりも、友だちや娘の方がいいという声がしきりでした。

そうした声を受けたかのように、その後女性同士向けの割引チケットが発売されています。こうした例からも、夫との会話不在、あるいは、会話があっても共感的なやりとりができない様子がうかがえます。

衡平性は家族でも重要

「自分が家族を食わせている」「誰のおかげで食っていると思うのか」などと妻や子に対して威圧する話を、現在でも耳にします。そうした言葉は性の強要や身体的暴力に匹敵する心理的暴力であることから、DV（ドメスティック・バイオレンス）の範疇にも入れられています。ここには、「妻子のために働く」のは男のつとめという男性ジェンダーへの囚われ、「食わせてやっている」のは男の甲斐性であり誇りだとの心理もうかがえます。社会では経済力は往々にして権力と結びつきますが、こうした夫の態度にも、一般社会と同様な関係が夫と妻の間でも起こりやすいことを示唆しています。

すでに述べたように、かつての、夫婦間の性別分業役割が機能していた時代と現在では、家族の役割や中身は大きく変わっています。また結婚に対しても、その価値よりもリスクが問われる時代となっています。

こうした変化の中で、もはや家族を純粋に無私の献身に任せるだけでは、様々な問題が生じることとなります。今日では、家族間であっても、自分が相手にしていることと自分が相手からされていること（受け取っていること）のバランスが衡平に保たれているか否かに注意が向けられるようになっています。そして、自分の方が、相手から受け取っているものが少ない、すなわち過小利得だと感じると、結婚に対する満足度は低下します。家族内の無償の行為が当然視され、そのことに不公平感を抱くことのなかった時代とは大きく変わっています。

一般の対人関係では、自分が集団や相手に貢献することと、集団や相手から自分が得ることとのバランスがとれていることが大事です。これが崩れると、人はその集団や相手から離れていく傾向があります。これは、社会的交換という理論で説明されています。こうした社会における一般的な対人関係が、家族内でも働くようになっているのです。

対等な友だちから出発した恋愛結婚夫婦は、対等的な関係を求めます。しかし、これを担保することは容易ではなく、経済力の差は対等性を阻害する一つの大きな要因となりがちです。

ただし、夫の態度は妻の経済力だけで左右されるのではないようです。詳しく分析した研究によりますと、自分に匹敵するほどの稼ぎをする妻を、夫はその社会的活動と力量で評価していて、経済的評価以上に人格的尊重が基盤にあるのです。また夫から人格的に尊重されるような人柄や能力をもつ妻は、社会でも高く評価されて結果として経済力がもてていることもあるでしょう。

生活・体験とコミュニケーションスタイル

夫と妻のコミュニケーションの分裂には、もう一つ夫と妻の生活と体験の分離が関係しています。話す相手、内容、目的、場面など状況によって、巧みにコミュニケーションスタイルを使い分けます。その人の生活領域と体験によって、特定のスタイルが身についていきます。

子の誕生を機に夫は職業、妻は家庭と分担する性別分業の形をとりますと、夫は時間的にも心理的にも職業生活へのコミットメントが大きくなり、家庭生活や近隣との交流は縮小せざるを得なくなります。主な生活の場である職業生活では、論理的で明晰な表現が重視され、感情的な発話や冗長な表現は退けられます。そして、ものごとを概括的、抽象的にとらえるスタイル（リポートトークといわれます）が必要とされ、仕事を通してそれが身についてゆきます。

これに対して、職を辞め、家庭を主たる生活の場として、子どもや近隣との交流が主流となった女性には、職場におけるような有用なリポートトークは、あまり必要とされません。子どもや近隣との関係では、リポートトークは、逆に通用しません。論理よりも情感――相手の感情を敏感にとらえ自分も情感を込めて話したり、論理的・抽象的な内容よりも具体的な語りが必要です。こうした語りは、リポートトークに対してラポールトークといわれます。

こうして職場と家庭に生活を分離した夫と妻には、対照的なコミュニケーションスタイルが自ずと身についていきます。このような二人が、それぞれの語りのスタイルで会話をしたら、双方が閉口し、相手を責めることになりかねないことは容易に想像できます。夫は威圧するか、無視する。一方、妻は話題を提供し共感する。すでにみた、この対比は、その結果の一つとみなせるでしょう。

このような点からみますと、妻が無職の場合に夫の「威圧」が多いのは、ある意味、当然の結果といえます。また、自分はあまり知らない子どものことや近隣の話は、適当に聞いている しかないのかもしれません。これに対して妻が職業をもっている場合には、コミュニケーションスタイルについても話題についても夫と妻の接点が多くなります。

脳による性差よりも

『話を聞かない男、地図が読めない女』（アラン・ピーズ、バーバラ・ピーズ、主婦の友社、二〇〇〇年）という翻訳書が話題となり、現在でも広く読まれつづけているようです。著者によれば、男性が「話を聞けない」のは、要するに大脳言語野の性差による、脳の構造が男女で違うからだという、極めて単純な話です。

脳の構造に性差があることは事実です。最近の脳科学がそれを明らかにしています。けれども、高等動物である人間の行動は、脳の構造だけで決定的に規定されてしまうものではありません。脳や遺伝など生得的な要因は行動の重要な基盤ですが、同時に、人がどのような体験をもち、刺激や教育を受けるかによって行動は大きく規定されます。発達心理学の諸研究はこのことを明らかにしています。脳が絶対的な決定因であるなら、これほど大量の財を教育や環境に投資する必要はないでしょう。

夫と妻が同じ日本語を使っているのに通じないのは、こうした、夫は仕事、妻は子どもや地域という具合に、生活と体験を分離していることが問題なのであり、それがそれぞれのコミュニケーションを偏ったものに硬化させてしまっているのです。

夫は、縷々感情も込めて具体的に話す妻にがまんできず、つい「要するに何だ」と急かしたり、問答無用とばかりに畳みかけるように結論を出してしまうことにもなります。感情を汲み取って感情を込めて具体的に話すスタイルが身についていないことも一因です。逆に、妻が夫の理詰めで簡潔な話しぶりに対して気持ちを察してくれないと不満をもつのは、情感を大事にし、詳細で具体的なコミュニケーションを身につけ、それがいいと考えるようになっているからでしょう。

長命社会における夫婦のパートナーシップ

夫は外で仕事、妻は母・主婦として家庭を守ることに専念するという性別分業の生活は、換言すれば、子どもをもったら夫と妻のパートナーシップを放棄することでもあります。この場合、妻は夫との関係よりも、母として子どもとの強い関係をもつことになります。これが当初はうまくいくと思ったけれども、次第に二人の間に様々な亀裂を生じさせる事情をみてきました。これまで日本では当たり前とされてきた家族のあり方が、機能障害を来している現象です。年を経るほどにじわじわと結婚満足度や相手への愛情が低下していくのは、こうした亀裂が広がっていった結果です。

いま団塊世代が大量に退職する時期を迎え、その動向が話題ともなっています。地域のボランティア活動などをはじめる〝地域デビュー〟や趣味の活動など、退職者の活動も様々に伝えられています。もちろん、そうした活動も大切ですが、もっと重要な課題は、長らく家庭不在だった夫の家庭役割の分担、子の誕生以来切れてしまった妻とのパートナーシップの再構築です。この課題は、長命に伴って夫婦の前に新しく浮上してきた、家族発達上の緊急の課題です。

「予防心理学」のすすめ

ここまで、夫と妻が仕事にどう関わるかが夫婦関係や親役割と不可分に関わっていることをみてきました。そして心身の健康と幸福が、どのような生き方において得られるかについてもみてきました。育児不安や親子関係の軋轢、夫婦間のすれ違いなど、親の役割においても、夫婦の関係にも、解決しなければならない問題が多々あることがわかります。そのため、カウンセリングなどに来所する人も多くなっています。確かにカウンセリングは有用かもしれませんが、問題が生じてからの相談や治療では、やはり解決に限界があります。問題が起こる前に、予防的な教育や相談がほとんどされていない状況こそ改める必要があります。

こうした状況に対して、「予防心理学」の必要性を指摘したいと思います。家族心理学や臨床心理学、産業心理学は夫婦、親子、職業などについて、たくさんの研究成果を蓄積してきています。そうした知見を最大限に活かすことが重要です。何の予防措置もせずに問題が起こってから対症療法をほどこしたり、臨床相談を行ったりといった現状では、問題が減ることはないでしょう。解決も困難です。すでに医学の分野では予防医学が重視され、日常生活についての予防的知識が広まり、健康教育がさかんとなっています。心の問題や生き方の問題についても、そうした手法が必要です。

最近、キャリア教育、あるいはキャリア・カウンセリングといった言葉を耳にします。キャリアとは職業だけのことではありません。キャリア教育やキャリア・カウンセリングは、職業指導や職業相談ではなく、自分の一生をどう自立的に心身両面にわたって健康に幸福に生きるかを検討することです。そして、その目標のために仕事と家庭の両面をどう担い統合するかを考え計画することです。それは男性にも女性にも、おとなとして生きる共通の課題です。

子どもたちには、とかく、どの学校に進むのか、何を専攻するのかといった勉強上の進路指導ばかりが行われます。しかし、それ以前に自分が何によって活き活きとできるのか、社会に貢献できるのかを広く考えることが先決でしょう。それなしに、たんに「いい学校」に入ることを目標としたり、親の「よかれ」の思いに煽られている現状では、問題はさらに増加するばかりでしょう。

結婚がリスクとして問われる時代においては、何を求めて結婚するか、さらに子どもをもつこと、すなわち親になることや親をすることが、自分にとってどのような意味・価値をもっているのかなどについても、事前にしっかりと検討する必要があります。そうでなければ、育児不安は減るどころか増えるばかりで、夫と妻の間の心理的ギャップも埋まらないでしょう。そうなれば、結果として、親から安定した養育を得られない子どもも増すばかりです。すなわち、子どもが育つ環境は悪化するばかりとなってしまいます。

第4章　子どもが育つ条件とは

―〈人間の発達〉の原則からみる―

これまで、日本の社会で親子や子育てにどのような問題が起こっているかをみてきました。そしてその問題が引き起こされている要因の一つとして、夫婦の問題についてもみてきました。「良育戦略」のもと、数のうえでは高学歴化が進みましたが、不登校や引きこもりなど子どもの発達上の問題があり、「良育」の実は上がっているとはいえません。離婚や暴力などの家族間の問題も顕在化しています。

これらの問題の根には、「子育て」はあるが「子育ち」は不在という状況があります。また、職業役割と養育役割が偏在していることで、おとな自身の発達不全が起きていることも指摘できます。いずれも人間の発達の原則に反しています。「人はどう育つのか」という人間発達の基本原則の理解が、教育熱心な親たちにも、親や家庭の教育力の低下を批判する人々にも欠けているように思います。

発達心理学は、人はどう育ち、どのような要因が関与しているのかについて、多くの研究を蓄積しています。本章はそうした発達心理学の研究に準拠して、人間の発達の基本原則を確認しながら、今日の子育てや家族の問題を再検討します。そして、真に求められる、子どもが育つ条件、すなわち、子どもにとっての〈豊かな発達環境〉とは何かを提案したいと思います。

1　〈人間の発達〉の原則と子育て

生まれながらに備わっている知的好奇心

人間の赤ちゃんは、保護的な胎内生活を二八〇日もの長い期間過ごして誕生してきます。にもかかわらず、十分に育ちきらずに生まれ、誕生後しばらくは片時も眼を離せない、いわば未熟で無能な存在です。したがって、大人による養育は必須で、人間は当たり前のように子を育てています。そこで、親をはじめ、養育に関わる人々は「どう育てるか」に心を砕き、発達心理学もどのような養育法がよいかといった研究を行ってきました。

しかし、ここ二〇～三〇年の間に、赤ちゃんの研究は急速に進み、その成果はそれまでの研究の視点を大きく転換させることになりました。確かに赤ちゃんは、ある意味、未熟であり、無能です。ところが、その未熟、無能ぶりの陰に隠れていた側面が、新たに発見されるようになりました。すなわち、未熟で無能である一方、有能な能力を備えていることです。

これまで、赤ちゃんは、眼はぱっちりしているが、はっきりと見えていないといわれてきました。しかし、新たな研究によって、赤ちゃんの視覚が、実は敏感で正確であり、しかも積極的なものであることが明らかとなっています。視界にあるものを受動的に見ているのではありいるのです。

見たいものを見る、複雑なものや新奇なものを努めて見るといった好奇心に溢れていません。
もちろん、有能なのは眼の機能だけではありません。聴覚も同様で、胎児期から母親の音声を識別し、誕生後も聴覚刺激を敏感に受け止めています。とりわけ人の声に格別の関心を示します。そして自分の興味に応えてくれる人が大好きです。この「有能な乳児」の発見は、これまで重視されてきた育て方や環境を、根本的に再考させることとなりました。

まだお座りもできず、寝ているだけの赤ちゃんが、複雑なもの、新しく珍しいもの、人的なものを積極的に探しては見つめる。それも細かな特徴をとらえようと活発に視線を動かすのです。誰に頼まれたのでもなく、また見たからといって何かが得られるのでもない。けれども、赤ちゃんは、自発的に外界を探索し、新奇で複雑な情報を取り込んでいるのです。そこには、赤ちゃんが、自分の使える器官を精一杯使って、外の世界を探索し刺激を求める好奇心をもっていることを認めないわけにはいきません。

子どもは成長するにしたがって、自力でできることが増えてゆきます。するとその新しい力を使うことや、その力でできたことに強い興味をもちます。たとえば、ボールを手でつかみ投げることができるようになると、子どもは何度もボール投げをくり返し行います。おとなからすると、「なぜ?」と思うほど無用な執着に見えます。しかし、子どもは、自分ができるようになった力を使って外界を探索し、発見しているのです。それは子どもにとって知的好奇心を満足させている至福のときなのです。

　自分の力加減によってボールの転がり方も違い、また部屋の構造や置いてあるものによってもボールの転がり方が変わるといった因果関係を発見します。さらに、どこにぶつけるか目標を決めては試してみたり、力の入れ方や障害物の位置を変えるなど工夫して、再度、試してみてその効果を確かめたりして、熱中します。子どもは、自分の力で物理学を学び、法則を発見しているかのようです。すなわち、自ら育ちつつあるのです。このように乳児が知的好奇心をもち、外界との交流を求める積極的存在であることを知れば、自ら育つ力のある子どもを育てるというのは、おこがましいことであることに気づくでしょう。

奪われる、子どもの「機能の喜び」

　子どもは自ら学び、自ら育つ力をもつだけではありません。その力を発揮できたとき、子どもは最高の満足と自己有能感をもちます。そして、さらに新しい活動を展開していきます。すなわち、子どもは能動的な学習者なのです。他のことに眼もくれず何も耳に入らない、文字どおり我を忘れて何かに夢中になっている子どもの姿を、誰もがみたことがあるでしょう。けれども多くの場合、そのように熱中している子どもを、親やおとなはそっとしてはおきません。

「早く、早く」の常套句で、おとなが予定したことに引っ張っていきます。

子どもが自発的に熱中する活動は、子どもが育つことそのものなのです。それはおとなの計画や教育以上のものです。自分ができるようになった力を使って発見し、新しい知識を得る。そして「できた！」「やった！」という自分で成し遂げたことで得られた満足感は、人から教えられては得られないことであり、知識を教えられることよりも遥かに貴重な経験です。

六〇年ほど前、児童心理学者シャーロット・ビューラーは、子どもが自分にできるようになった力を用いることに喜びを見出し、その力によって様々なことを発見し、育つことの重要性を指摘しました。彼女はこれを「機能の喜び」と名づけていますが、自分の力(機能)を使うこと自体が子どもにとって喜びであり、それによって学び、育つという、人間の発達の本質をいい得て妙だと思います。

現代は、この「機能の喜び」がとかく無視されているのではないでしょうか。親は「良育」にせっかちなあまり、子どもが熱中していることに我慢できないようです。遠回りにも時間の無駄にもみえるのでしょう。そのため、自分の考える「よかれ」の計画路線に子どもを歩ませようとします。

ユネスコの就学前教育プロジェクト(二〇〇七年)は次のような報告をしています。すなわち、子どもが四歳のとき、その子の興味や関心に沿って自発的な活動をする保育(自由遊び中心)を受けた子どもは、読み書きや計算能力を高めることをねらいとした保育を受けた子どもよりも、七歳時の読み書きの能力が高かったというのです。早期の知育限定の教え込みが必ずしも効果を上げないこと、逆に「機能の喜び」を味わう自発的、探索的な活動の方が重要なことなどを示唆しているといえるでしょう。

「機能の喜び」を味わう機会の減少は、自分が学ぶ力をもっていることについて知る体験を、子どもから奪うことでもあります。同時に、子どもの自己効力感を育てる機会をも奪っています。日本の子どもたちは、ある程度の能力をもっていても自信をもてない傾向が強いのですが、自力達成の機会の少なさも一因でしょう。親の過剰な教育熱がかえって、子どもが自ら育つことを疎外してしまっているのです。その意味でも、子どもの「発達権」の保障は急務です。

生まれながらの個性と気質

さらに、赤ちゃんは生まれながらに個性があることも発見されています。刺激への敏感さや反応の激しさ、あるいは睡眠、排泄、哺乳などの規則性、なだめられやすさなどには、幅広い個人差があります。それは気質といわれます。気質は育てられ方や環境の影響を受けるよりも前に、誕生時にすでに備わっています。これは、外からの刺激の受け止め方を左右する働きをもっています。したがって、親の養育環境や家庭の環境などは、直接そのまま子どもに作用するのではなく、子の気質いかんによって影響が変わってくることになるのです。

このような子どもの有能さと個性や気質の発見は、養育法についてのこれまでの定説に変更を促すこととなりました。子どもが未熟・無能な存在だと考えれば、子どもはあたかも「こわれもの」のように大事に扱うことになります。愛情や豊かな刺激、環境が大切であり、それが十分あるかどうかによってすべてが決まることとなります。

ところが、子どもへの影響はそう単純ではないのです。もちろん、愛情や環境などが重要なこと自体は、誤りではありません。けれども子が備えている刺激への高い感受性と個性を考慮せずに、おとなの側から一方的に愛情や刺激を送っても効果は得られないのです。それどころか、かえって逆効果にさえなります。

アメリカの発達臨床家ダニエル・スターンの報告(岡村佳子訳『母子関係の出発』サイエンス社、一九七九年)によれば、子どもの気質を無視したために親の熱心がかえって仇《あだ》になり、子どもとの関係が悪化し、子どもが母親を拒否することになってしまったケースもあります。そのケースでは、元気のよい、活発な母親が、子どもにも豊富な刺激が必要と考えて、子どもに積極的に刺激を送りました。しかし、その子は、活発な母親とはちがって、ゆっくりした刺激を好む静かな気質の子どもでした。声かけや身体を動かしたり、おもちゃを見せたりなど、母親から次々に送られる刺激に子どもは閉口してそっぽを向いてしまいます。すると母親は、もっとしてほしいのかとさらに刺激を与えつづけます。その結果、子どもは次第に母親を避けるようになり、ついには拒否的になってしまいました。

この母親にしてみれば、自分と同様に子どもにも活発になってほしいと思ったのでしょう。いわば善意でしたことです。この善意ある先入観のために、子どもの気質をよくみきわめることができず、逆効果となり、その結果、子どもとの関係が決定的に悪化してしまったのです。

この事例は極端なケースにみえますが、この種の食い違いは程度の差はあれ、起こりやすいものなのです。親たちは、とかく子どもがどう育つかを、すべて親の育て方次第だと考えがちです。責任感一杯で万全の養育をと思うあまり、いつの間にかこのようになりやすいからです。たとえば、本を読んでやる場合でも、たくさん読んでやった方がよいといえるほど、子どもは単純ではありません。子どもの眼を見て、笑いや発話に耳を傾けて、それに応えながら読み聞かせることが大事なのです。そのためには、子どもの反応を味わい、それに応答的になれるぐらい親の側にも心の余裕が必要でしょう。

子どもに重要なのは応答的な人と環境

このように乳児でさえ個性や気質をもっているのです。さらに子どもは、成長するにしたがって気質以外にも、その子ならではの特徴や得手・不得手などの個性が出てきます。時間をかけてじっくり取り組む子もいれば、矢継ぎ早にやってくる刺激をこなすのが得意の子もいるでしょう。熱中するものもそれぞれが違ってきます。子どもの特徴が活かされ、子どもが熱中できる機会が与えられたとき、子どもは最大の満足を得ます。そして、その機会を側面から支えてつくってくれた人に対して、自分をわかってくれているとの安心感や信頼感を覚えます。

逆に、子どもの能力や特徴を無視して、「よかれ」だけでことを進める親に対して、子どもは自分が受容されているという感覚は、なかなかもてません。やがては不信、あるいは反逆にもつながる危険をはらんでいます。第2章でみた親たちによる「「先回り育児」の加速」や「よい子の反乱」などの問題は、こうした子どもの個性や気質、特徴や能力などを無視した結果ともいえます。子どもが豊かにもっている育つ力を無視することは、発達の主体である子どもをなおざりにしていることなのです。あくまでも発達の主体は子どもです。

子の特徴や、そのときの状態に的確に応じた対応をすることが重要なのは、愛着の形成の場合にも同様です。子どもの世話をこまやかにしているからといって、また誰よりも長く一緒にいるからといって、子どもはその母親になつくとは限りません。

子どもが特別な人としてなつき、愛着をもっているのは誰か、ということについて調査した研究があります。その研究では、意外なことに、子どもが愛着を示すのは、自分の世話をしている母親ではなく、隣に住む男の子やおじいさんなどといったケースが少なくありませんでした。愛着の対象となった人に共通していたのは、子どもが何をしたがっているか、何を求めているか、何がいま欲しいのかなど、子どもの気持ちや状態をよくみて、それに応えてやる仕方で子どもに接することでした。

また表情を豊かにしたり身振りをしたり、声かけやおもちゃで音を出したりと、視覚や聴覚に訴える方法で子どもに接しているという点でも共通していました。つまり、子どもに応答的であること、子どもに備わっている敏感な感覚を使ってやりとりすること、この二つは子どもが愛着の絆を結ぶうえで大事なことなのです。

「子どもをよくみる」は養育の第一歩

子どもが多かった頃は、それぞれの子の性格や行動の違いを知ることができ、その子の個性や長所などは理解できたものです。子どもが少なくなり、親の眼が届くようになった一方、かえって子どもの個性がみえにくくなっています。そこに、画一的な「良育」の風潮が広まり、応答性を欠いた子への関わりが目立つようになっています。

親が子に応答的であるためには、子どもの気質を知り、子どもが何を求めているか、何をしようとしているのかを知っていなければなりません。それには、まず子どもをよくみることが何より大事です。すなわち、子どもの日々のふるまいをじっくりみることが、子どもを育てるうえの第一歩であり、親の教育力の核です。

見守るという言葉があります。すぐに手や口を出さず、少し距離を置き、時間をとって子をみて、子どもがしていることを尊重する態度です。これは簡単なようで、実は案外難しいことなのです。みる側に安定した余裕ある気持ちがないとできませんし、子どもと、ほどよい距離を保っていなければなりません。後に詳しく述べますが、親自身がひとりのおとなとして成長していることが、安定した気持ちで子どもと向きあい、見守るうえでの大前提なのです。

達成フィードバックか、欠如フィードバックか

子どもがしたことに対してフィードバックすることは、応答性の一つです。これには二種あります。第一は、「こんなにできた」「よくやった」「すごい！」といった、子どもが達成したことに対して為されるプラスのフィードバックです。第二は、子どもが達成できなかったことや、不足や欠如に注目して為される、「それだけ？」「もっと！」といったマイナスのフィードバックです。この二つは、受け手の側への効果が違います。前者に対して子どもは、自分がしたことや、できたことがちゃんと認められたと感じ、自己効力感を強めます。逆に、後者は「ダメなんだ」「自分はできないいんだ」といった無力感につながりやすいのです。

マイナスのフィードバックをする親にしてみれば、現状に満足するのではなく、もっと頑張

って高い目標を達成することを、子どもに期待してのことでしょう。激励の気持ちも込められているかもしれません。

しかし、こうした親の熱い思いや期待は、子どもには必ずしも通じません。むしろ自分の非力を指摘されたと感じてしまいます。「親にとっては、自分はダメなんだ」と思い知らされることになります。子どもは、いつも自分とは何かを、子どもなりに問いつづけています。その際、身近な人が自分をどう評価しているか、その人からどう遇されるかは、自分に対するイメージの重要な材料になります。親が子どもに対して行うフィードバックは、その点でも、大きな役割を果たしています。

日本の学校における先生の生徒に対するフィードバックは、プラスのものよりも、マイナスのものが多い傾向があります(臼井博『アメリカの学校文化　日本の学校文化』金子書房、二〇〇一年)。先生に限らず親たちも、子どもができたことに満足しない傾向が強いのです。成績がよいのに自信がないといった、日本の子どもに特徴的な現象は、そうした点にも問題の一端があるのではないでしょうか。

2　「子育て支援」から「子育ち支援」へ

何のため、誰のための子育て支援か

社会的に子育てを支援しようという試みが、今日、広く行われるようになってきています。では、その目的は、いったい何なのでしょうか。まず、考えるべきことは、子どもを母親だけに任せるのではなく、複数の多様な人々の手と心で育てることの重要性です。

人間の子どもが育つということは、身体や運動的側面をはじめ、知的側面、情操や道徳的側面、あるいは対人的な側面など多岐にわたります。こうした多様な側面が育つ過程において、複数の養育者が関わる必要があるのです。すなわち、日本において現在も広く行われている「母の手」だけでは、十分ではありません。母親がいくら熱心に育てようとしても、一人の力では限界があります。それどころか、自分だけで子どもの養育の責任を抱えてしまうと、ストレスを強めてしまい、結果として、育児不安にもつながることとなります。親は子どもに応答的で、ゆったりとした関係をつくることもできず、責任感から一方的な「先回り育児」が助長されます。そのことは、当然、子どもにも悪影響を与えます。

また、核家族化や少子化が進行している今日、かつてとは違い、家庭内では祖父母やきょう

だいなどの親以外の存在が少なくなってきています。さらに、家族が地域と交流する機会も乏しくなっています。こうした状況は、必然的に子どもが様々な人との関わりの中で育つ機会を低下させることにもなっているのです。したがって、今日、いくら家庭の責任や親のしつけを強調しても、結局は親と子や家庭をますます孤立させるだけではないでしょうか。

子育て支援の目的も、そこにあります。すなわち、親以外の手と心を子育てに活かし、子どもの生活と体験を豊かにする社会的な仕組みが、今日においては特に必要なのです。

では、子育て支援が対象とすべきものは、誰なのでしょうか。あるいは、何なのでしょうか。現在行われている子育て支援の多くは、支援の対象を「育てること」や「育てている人」としています。このことは、「子育て支援」という言葉に端的に示されています。しかし、はたしてそれは正しいあり方なのでしょうか。結論からいうと、本来、何よりも支援すべき対象は、子どもであり、「子どもの育ち」でなければならないのです。

すでに述べたように、子どもたちの「機能の喜び」を得る体験がいま、決定的に欠けています。親自身も、この機会を子どもから奪っています。そうした機会がなかなか保障されない子どもたちに、その経験を与えることこそ、いま社会がなすべき重要な役割なのです。

「０１２３《ゼロイチニサン》」という育児支援施設が東京都武蔵野市にあります。「０１２３」というのは、〇歳から三歳までの子どものための施設という意味を表しています。ここでは、スタッフたちは子どもたちにあえて教えることをしません。子どもが自発的に始めたり、熱中したりしている遊びや活動を、側面から見守る姿勢に徹しています。スタッフたちは保育職のベテランですが、通常の園でしてきたようにプログラムを立て、それに従って絵や工作、音楽などを教えることはしません。子どもの活動をよくみて、それがうまく運ぶように側面からそっと手を貸す「黒子」の役割に徹するのです。

誰からも指示されたり、教えられたりしない自由度の高い場面で、子どもは戸惑うかと思いきや、どの子も自分から遊具を選び、遊びを工夫して、熱中した時間を過ごします。親にもスタッフにも思いがけないようなことを、子どもたちはやってのけます。親たちは、こんなに熱中する子どもの姿はみたことがないと驚いたり、常日頃、子どもにせっかちな対応をしていたことに気づいたりします。そして、「熱中して遊んだためか、ここに来た日はぐっすりとよく眠る」と親たちは異口同音に述べます。普段の生活において、いかに子どもたちが自分の力を発揮し熱中する機会をもてていないかを示唆しています。

育てることに親は集中し、結果的に子ども自身が育つ機会を疎外してしまいます。したがって、この「子育ち」を保障することは支援の重要なターゲットです。すなわち、本来、「子育て支援」でなく「子育ち支援」こそ重要なのです。この施設では、親は自分の子どもにつきっきりではなく、離れた所から子をみていられるようになっています。いつもより距離をとって子どもをみたり、また他の子どもと自分の子どもをいっしょにみたりする機会は、親たちに普段気づかなかった子どもの特徴や持ち味、力を発見させます。このような子どもの再発見は、親にとっても、子どもに対して応答的になれる貴重な体験となるようです。

子どもの優れた学習能力

新しいことができるようになったり、前よりもうまくなったりという変化は、学習心理学が扱ってきたテーマです。その学習心理学では、訓練して成功したら賞(餌)を与え、失敗したら罰を与える学習のメカニズムが長らく研究されてきました。いわゆるアメとムチの教育です。

動物に新しい芸を仕込むには、このアメとムチの訓練しか方策がありません。ところが人間はそうではありません。自分から新しい行動を習得します。他人が何をしているか、その結果どのようなことが起こるかといったことを観察して、その行動を自分のものにしてしまう、すなわち「観察学習」ができるのです。しかも、人がやっているのをみながら同時にそのとおりに行う、いわゆる「サルまね」とは違い、いつのまにか観察していたことを後で適切な場面でやってのけます。「遅延模倣」といわれるものです。また何度もみる必要はなく、一度で我がものにしてしまう効率的な方法なのです。

この観察学習は、人間以外ではチンパンジーが少々できる程度で、他の動物ではできないことです。一方、人間の場合は、ごく幼い子どもでさえも簡単にやっています。たとえば、ママゴトで父親役になると、食卓で新聞を広げながら食事をしたり、母親役の女の子が鏡の前でパタパタと化粧するなど、観察して学習する遅延模倣の例は少なくありません。

他者の行動を模倣することは、生後二～三週の赤ちゃんでもできるのです。赤ちゃんの前でおとなが舌を出したり、唇を突き出したり、眉を動かしたり、手を動かしたりして、それをみせると、赤ちゃんは自分の口をモゴモゴさせたり、顔や手を動かすなどして、やがておとなの行動と同じことをします。模倣するだけではありません。逆に赤ちゃんのすることをまねる人をじっと見つめ微笑むのです。赤ちゃんは「自分がまねられている」ことがわかっているのです。

まだ鏡もみたことのない、身体さえ自由に動かせない赤ちゃんが、なぜこのような模倣ができるのか、あるいは、模倣されていることを知っているのか、とても不思議です。このメカニズムは、現在も研究が進められていますが、赤ちゃんが人的刺激に対して強い関心をもっていることや、人と関わることに積極的な姿勢をもっていることなどが重要な基盤であることが確かめられています。

赤ちゃんは鋭敏な視覚と聴覚を駆使して外界を探索しますが、特に人的刺激が大好きで、他のものよりもずっと長く知覚しつづけます。人の顔と声を正確に聞き分けます。それだけではありません。そばにいる人の動向にもとても敏感で、その人のすることに同調的な反応をします。その人が見ているものに自分の視線を走らせたり、その人が指さすとその先をみたりします（「共同注視」といいます）。ごく幼いうちから他者への関心と、自分を他者に関わらせて共同的にふるまう傾向が強く、そして誰かと一緒にいることが好きです。このような他者への関心、他者と共同的でいたいと思う気持ちが、模倣や観察学習など社会的な学習の基盤なのです。子どもは「孤独な学習者」ではなく、人と共に人から学ぶ「社会的学習者」なのです。

子どもは有能な観察学習者

観察学習は大変高等な行動です。そこには、他者の行動を的確に観察する力、それが自分にとって有用かどうかを判断する力、他者から得た情報を自分の中に採り入れて保持している力、適切な場面でその行動を発動する力といった一連の認知的・対人的な働きが必要です。人間に備わっている大脳、その高い知能の働きがこれを可能にしています。子どもは周囲の人々を観察し、それをよしと判断すればたちどころに自分のものにしてしまいます。子どもはまさに有能な学習者です。アメとムチで教え込まれるよりも遥かに効率がよいのです。何度もくり返す必要もないのです。「これはいい」と思えば、たちどころにそれを自分のものにし、そのとおりふるまうことができるからです。自己学習ともいえるでしょう。

教育熱心な親たちは、褒めたり、叱ったり、やかましく言ってきかせたりと、子どもを一生懸命にしつけようとします。けれども、親自身が日頃、子どもにいっていることと正反対のことをしていて、それを子どもが観察してしまうと、しつけの効果は無に帰してしまいます。「やかましくいっているのに」と、親は子どものしつけの難しさを嘆き、どうすればよいか自問します。子どもに何か問題が起こったときにも、自分のしつけが悪かったのかと考えます。その自問自答はまったく無駄ではありませんが、少々見当ちがいです。しつけだけで、すべてが決まるのではありません。

親がまず認識すべきことは、子どもは有能な観察学習者だということです。すなわち、子どもを親の計画路線どおりに進めようとしても、有能な観察学習者である子どもは周囲を観察して「これがいい」「こうすればいい」と思ったら、すぐにそれを自分のものにしてしまいます。たとえば、園や学校から帰ったら鞄を決められた場所にきちんと片付け、手を洗う、といったことを子どもにやかましくいったとします。しかし、親の方が帰宅すると鞄を片付けもせず、手もろくに洗わずに食べたり飲んだりしていていは、子どもはそれをみて「ああそれですむんだ」「それは便利だ」とたちまちその方式を採り入れるのです。観察学習はモデリング（誰かをモデルにしてその行動を自分のものにする）ともいわれますが、その代表的な研究者アルバート・バンデュラは「子どもは（親から）いわれたことはしない、親にみたことをする」と記しています。

「人のふりみて我がふり直せ」というのは広く知られた格言ですが、子どもの養育にも心すべき言葉です。有能な観察学習者である子どもに対して、親が「してやる」よりも、親自身がどう行動しているか、どのようなモデルになっているかが、むしろ問われるのです。

観察学習のモデルとしての親の役割

このようなことを知ると、私たちの教育やしつけがいかに〈教える＝学ぶ〉といったことを中心としているか、観察学習の力を発揮する機会がいかに少ないかに気づかされます。第2章3でみた、日本における子どもや若者たちの自信の低さも、こうしたことと無関係ではないでしょう。親ペースの「よかれ」や「先回り育児」などが、むしろ発達の主体である子どもがもっている自ら学ぶ力をないがしろにしているのではないでしょうか。子育ちの保障、子どもの発達権の保障はこの点からも重要です。

教育熱心な親たちは、自分が子どもに直接教えるのではなく、「良育」を塾や家庭教師に「外注」します。親自身は、子どもにやかましくいうように「勉強している」でしょうか。日頃「勉強、勉強！」とやかましくいわれつづけられてきた子が、「お母さんは勉強もせず、楽をしているのに！」と抗議したという話は辛辣ですが当を得ています。子育てに奔走するだけで、自分の成長、自分自身を育てることをないがしろにしている親を眼にして、子どもは、親が自分に要求していることに反するモデルであることを、見抜きます。

家庭の教育力が弱まった、しつけが衰退したと、さかんにいわれますが、むしろ、親の教育に対する意欲は過熱しており、少子化の現状もあって、親の口やかましさも過剰となっています。家庭の教育について問われるべきは、子どもの観察学習のモデルとしての親のあり方です。多くの場合、観察学習のモデルとして不適格で、モデルになり得ていないのです。

そこには、のちに述べますが、親自身が日々成長・発達し、活き活きと生活できているかどうかという問題が関わってきます。親自らが育つことなしには、子どものモデルにもなることは難しく、また安定した気持ちで応答的に子どもに向き合うことも困難です。はたして、有能な学習者である子どもに、その機会を家庭が豊かに与えているでしょうか。親や家庭の教育力は、しつけを厳しくすることよりもむしろ、育ちの主体である子どもに、そうしたモデルや体験の場を与えることだということを再確認する必要があるでしょう。

3　子育てを社会化する意義

集団の中で育つ、子どもの能力

これまで幼い子どもは家庭内で育てられることが多かったために、子ども自身が集団の中で他者から何かを学ぶという事実はあまり注目されてきませんでした。集団の中に乳児が置かれることが少なかったために、そのことを研究する機会も少なかったのです。むしろ、乳児期は母と子の一対一の関係がよく、幼くてひ弱な子どもにはそれが最適であるとさえ認識されていました。したがって、乳児のうちから保育園に入れることに対しては風当たりも強かったのです。

保育園や乳幼児施設は、親がいない、親に育ててもらえない、さらには親に遺棄されたなど、特殊な事情のある〝かわいそうな〟子どものための施設だとみなす傾向さえありました。こうした見方は、心理学の研究が、とかく家庭にいる母子関係にばかり注目してきたことによっても助長されたと考えます。しかし、こうした見方は、幼い子どもがもっている能力を知らないことに原因がありました。

子育て支援が現在のように広がる以前にも、母親になっても社会で働きたい親たち、あるいは働く必要に迫られた親たちが共同で保育所をつくり、そこで育つ乳児もいました。その後、保育園は公立、私立ともに増えていきます。乳児期から集団保育で育つ子どもが増えるにつれて、保育園で育つ子どもたちの生活と発達の様子も研究されるようになっていきます。子どもはごく幼いうちから、子どもたち同士での集団生活を楽しむこと、また、他の子どもから多くのものを学ぶことなどが、いずれの研究においても確認されています。したがって保育園という集団の中で育つ経験を子どもたちは日々楽しみながら過ごしています。他のおとなから〝かわいそう〟といわれることに違和感を抱いてさえいます。子どもは単に弱い存在ではなく、たくましく有能な行動者であることに眼を開かれます。

複数の愛着を築く子どもたち

乳児施設は、何らかの理由で家庭における養育を受けられない子どもが育つところであり、世話も愛情も行き届かない、したがって、子どもたちは充たされないことも多いのでは——。こうした偏見は、かつても現在も存在しています。しかし実際には、乳児のいる保育園の生活は、笑い声や楽しそうな声がいっぱいで、活き活きとしたものです。乳幼児は、担当の保育者から細やかに心身の世話を応答的に受けています。そのような保育者に子どもはすっかりなつき、強い愛着を形成します。もちろん、だからといって、親はもういらないというわけではありません。迎えにきた親に飛びこんでいく子どもの姿は、保育者も親も、どちらもが子どもの愛着の対象であることを示しています。

保育者とだけではありません。子どもは、仲間の子どもたちとも強い愛着の絆を結びます。同じ年頃はもちろん、少し年上の子と遊ぶのも大好きです。自分が登園したとき、仲間の子たちがみえないと、探しまわります。やってくると大歓迎し、すぐさま一緒の遊びに熱中します。親の都合などでしばらく園を休んだりすると、物足りない様子をみせます。子どもにとって、園における友だちとの交流が、いかに大きな位置を占めているかということを改めて知らされます。愛着の対象は、子どもが外界を探索し、冒険をし、学んでいく際の安全の基地となります。心細さを感じると、愛着している人のところへ戻ってきたり、あるいは、その人がいることを確かめて安心したりします。

長らく、愛着は子どもと母親との一対一の関係で育つものとされてきました。いまも根強い「三歳児神話」などはその典型です。しかし、そうした考えが支配的だったのは、子どもが家庭で母親(だけ)に育てられる場合が圧倒的に多かったからです。そうしたケースしかみえなかったからでしょう。このことは、母子関係を過度に重視する偏見を助長し、母子密着という弊害さえ生むことになりました。

乳幼児の集団保育が増えたことに伴い、子どもの愛着も母親以外の人も含めた研究に展開しました。その結果、いまみたように、子どもは母親のみならず、保育者、友だちなどの間にも強い愛着の絆をつくり、それをベースに探検し、学習していくことが明らかにされています。自分の周囲にいろいろな人がつかず離れずにいて、見守られていることで、子どもは安定した気持ちで活動を展開してゆけるのです。複数の人々が子どもに何かあれば援助するという構えを、周囲で見守っている護送船団になぞらえて「コンボイ」と呼びます。すでに述べた乳児の強い社会的関心を考えれば、当然のことです。

さらに、こうしたことが、子どもの発達に長期にわたってプラスの意味をもつことも、検証されています。当てにできる人がたったひとりしかいない状況よりも、様々な人と愛着の関係にあることは、安全の基地がそれだけ豊富でしっかりしているからでしょう。母親の愛着は唯一絶対でも万全でもないのです。

子どもの世話は「親が一番」なのか

ここまで、子どもが有能な学習者であり、多様な人的・物的刺激を求めていること、そのために集団養育が重要であることについて述べてきました。しかし、実際には、現在も、乳幼児の多くが家庭で主に母親(だけ)によって養育されています。

その理由の第一は、保育園をはじめ、乳児保育施設などの受け入れ態勢が、いまだ不十分であることです。まず、施設の数が十分ではありません。フルタイムの仕事をもっていないと、子どもを入所させることができないなど、保育園の入所の困難さも解決されていません。

しかし、こうした行政の対応に限らず、親たちも含めた社会的な意識として、「幼い子どもは家庭で母親がみるのが一番」という考えが潜在的に強いことも無視できないでしょう。こうした母性神話は、かつて日本の保育行政にもうたわれていました。現在では、母性神話を絶対視するような論理は、さすがに行政の指針などからは消えています。しかし、人々や社会の意識の中に根強く存在してきた母性神話は、そう容易には消滅しません。子どもの誕生を機に退職する女性は、現在でも、母親である自分が育てるのが一番と確信している場合が少なくありません。また、女性が仕事を継続したいと望んでも、あいかわらず母性神話の意識をもつ夫の理解を得られずに、退職せざるを得ないケースについては、すでにみてきました。

こうした社会や人々の意識もまた、乳幼児の集団保育を消極的にさせている要因でしょう。保育園に行っている子どもを「かわいそう」と否定的にみる姿勢には、自分の子どもを「他人に預けるなんて」といった気持ちや、さらにいえば、他人に対する信頼感の低さもあるのではないでしょうか。

幼少期から保育園に入れること、すなわち「(母親と)子どもとの分離」についての感情や評価を、保育園に子どもを入所させている親と幼稚園に通わせている親について比較した研究(柏木惠子、蓮香園「母子分離〈保育園に子どもを預ける〉についての母親の感情・認知」『家族心理学研究』一四巻一号、二〇〇〇年五月)では、幼稚園児の親たちに、子どもを保育園に預けることについてより強い罪悪感を抱き、同時に先生の子どもの扱い方や子どもの友だちとのつきあい方に不安や懸念を抱く傾向がうかがえます。実際に保育園に預けている親とそうでない親との間に考え方のズレがみられるのです。

他の子に向かって開かれている存在

子どもが有能な学習者であること、幼い頃から集団保育させることの意義などをみてきました。それらに加えて、子どもが、ごく幼いうちから他の子どもに向かって開かれている存在であることも銘記しておく必要があるでしょう。

誕生直後から、子どもがもっている人への関心、人と関わることへの積極的態度は、どんどん強まっていきます。自分で動くことができないうちは、視線を送ったり、声をあげて相手の注意を喚起したりして、他者と関わろうとします。手を伸ばしたり、ハイハイしたり、ものを動かしたりすることなどができるようになると、興味をもった人の方に向かっていったり、手を差し伸べたり、ものを投げたりして、さかんに相手と交流しようとします。おとな以上に自分と同じ子どもには興味津々で、その子の様子をじっと見ては、同じような動作をしきりに試みます。子どもの誰か一人がある動作をすると、まるでつられたように別の子が同じ動作をする、「共振」と呼ばれる現象です。こうして自分一人だけではしなかったこと、できなかったことを、他の子どもと一緒にいることで、次々と学んでいきます。

先述した、他の人が見た方向を自分も見て一緒に同じものをみる「共同注視」もかなり早くから行います。自分も指さして、他の人に見るように促したりもします。おもしろいこと、珍しいことは他の人と一緒に楽しんだり、他者と関心を共有したりすることが大好きなのです。さらに、見慣れない場所や見知らない人に出会うと、自分が知っている人の表情や行動を見て、安心したり、同じようにふるまったりするなど、「社会的参照」もできます。他人から情報を採り入れて、自分のために活用しているのです。

これらはいずれも、他者とともに学ぶ、他者から学ぶ行為ですが、これは人間だけがもっている知性であり、社会性なのです。このような高い能力をごく幼いうちからもっていることは、子どもが育つことの原動力となっています。こうした力を発揮する機会、あるいは集団の中で他とともに学び育つ機会が、家庭では決定的に不足しています。

すでに述べたように、少子化によって家庭におけるきょうだいとの交流も希薄となっています。少子化によって、二人きょうだいどころか、一人っ子も稀ではなくなり、それぞれ個室を与えられるのが一般的です。

このことは、親とも友だちとも違う、きょうだいという関係の中で、人とのつきあい方を学ぶ機会をなくしています。親と子は、「保護する・保護される」という上下の関係であり、甘えや許しが特徴です。子どもはいずれ多様な人間関係の中で生きていくことになりますが、そこでは甘えや許しは、必ずしも通用しません。自分の意思をきちんと表明したり、他者の意見も聞き、そして自分の意見を主張するか抑制するかを状況に応じて調整するといった対人ルールを習得していることが必要です。こうした力は、けんかする、仲直りする、協力もするが競争もするといった、きょうだいとの関係で育まれるものです。その機会が、きょうだいの数の減少と個室、勉強第一の生活によって急速に減りました。

加えて「ギャング集団」といわれる異年齢の子どもたちとの遊びや活動も影をひそめました。「ギャング集団」は長らく青少年心理学の重要なテーマでしたが、これも消滅してしまいました。異年齢集団といえば運動部のように、上下関係やルールが重視されるものが多くなりました。このような状況は、子どもの対人関係能力の未熟さをもたらしています。自分の気持ちをうまく表現できない、自分の意見を状況に応じて押したり退いたりする力が乏しい、すぐキレるといった行動にもみられます。現在深刻化しているいじめなども、そうした対人関係能力の未熟さと無関係ではないでしょう。

社会的、対人関係能力は体験で習得するもの

いま、さかんに行われている早期教育は、むしろ知育よりも社会的、対人的な面にこそ必要です。対人関係の力は、親や先生が教え込むことで身につくものではありません。子ども自身が試行錯誤し、他者のふるまいをみて体得していくものです。

かつては、家庭にいろいろな人が出入りしていたし、きょうだいもたくさんいました。また地域との交流もあり、そうした環境で、子どもたちは相手とつきあう術も学んでいきました。親の知らないところで子どもはけんかしたり、よそのおとなに叱られたり、他の子のやり方をみたり、といった体験を通して、対人関係能力を身につけていったのです。対人関係能力を育てることにおいては、親は極めて無力といってよいでしょう。したがって、今日、親ができることは、幼少時から、親以外の様々な年齢の者との交流の機会を積極的につくることにつきるでしょう。

最近、子どもの発達を説明する理論として「集団社会化理論」が注目されています。これまで子どもの発達に影響するものとして家庭や親が重視され過ぎました。子どもは親や家庭以外のいろいろな集団の中で自ら学び、外界の世界から大きな影響を受けることが実証的に明らかになっているのです。子どもは幼い時から多様な人への強い関心をもち、他と交流することを楽しむ存在であり、自ら学ぶ力をもった発達の主体です。子どもは親のしつけの受動的な受け手ではありません。「自らの発達の能動的プロデューサー」ともいえる存在です。また母の手だけ、あるいは家庭内だけの生活は、こうした子どもの豊かな能力と関心に応え切れず、子どもの育ちを阻んでおり、その意味で貧困な環境です。あらゆる問題を親のしつけのせいとするような風潮は間違いです。むしろ子育てを社会化していく意義はここにあります。

子どもの養育については、「誰がすべきか」はもはや最重要ではないこと、「母の手で」が至上でも絶対でもないことは、今日では明らかです。家庭が一番、母親との一対一が何よりとの考えは、偏見でしかありません。

保育園入所の基準に、「保育に欠ける」というものがあります。すなわち、親がいない、あるいは、何らかの事情で養育できないなど、子どもが家庭での養育を受けられないことを指します。そして、この基準にあてはまる場合に保育園への入所が優先されます。しかし、いま「保育に欠ける」のは、母親がいない、あるいは母親が養育しないということだけではありません。母親が孤独に養育している「母の手で」が、往々にして子どもに望ましい十分な保育の質を欠きがちなことは、すでにみてきたとおりです。しかも、父親さえ育児不在の現状では、多様な人との交流や集団の中で育つ体験を家庭だけで与えることはできません。このような「母子隔離」的な環境こそ、むしろ「保育に欠ける」とみることもできます。

重要なのは、「誰が」よりも「どう関わるか」、すなわち養育・保育の質です。保育の質として重要なのは、子をよくみて理解し、それに基づいて応答的に関わることにつきます。それが子どもの積極的な生きる意欲と力を触発し、その育ちを活性化させます。この保育の質が子の養育に関わる人に求められる条件です。

日頃、子どもを育てている親は、この条件をもちやすい立場にあります。けれどもあまりに身近なだけに、かえって応答性をもてなくなってしまう危険性も大きいのです。子への熱い思いから、「先回り育児」が過速化するなど、親であるために陥りやすい欠陥も大きいのです。

したがって、子どもと程よい距離をもって、子どもをよくみて、子どもの立場にたって応答的に関わることのできる人、すなわち「社会的親」「心理的親」と呼べるような立場の人間が、子どもにとって必要です。保育者をはじめ、親以外のおとなが、幼いうちから子どもの育ちに関わることの重要性を認識し、そのような人と交流する機会を、社会的に創出することが、いま求められています。子育ての社会化、育児支援の目的はこうしたところにもあるのです。

育児支援と多様な人的交流

先にも紹介した育児支援施設「０１２３」では、一九九二年の開園前、大方の人たちは、〇歳児はあまり来ないだろうと予測していました。〇歳のうちはやはり家庭で母親が相手をしていることが多いだろうし、それで間に合っているだろうからと考えていたのです。

ところがふたを開けてみると、〇歳児の来所が多く、しかも年々増加しているのです。上の子どものついでに連れてこられた〇歳児が、そこで自分から遊び出す。寝かされている子が傍の子の方をみたり、声をあげたりする。這うことのできる赤ちゃんは、他の子の方へいざっていき、声で注意を喚起したり、積み木を握っては投げて、にっこり笑顔をみせるなど、他の子どもと一緒の時間や空間を精一杯楽しんでいます。このような活発な動きを目にした母親は、赤ちゃんの有能さに目を開かれています。そして、その後も何度となく連れて来るのです。

母と子だけの閉じた家庭は、親の眼が届き、万事安全な環境です。しかし、刺激を求め、人とのつながりと関わりを求める子どもには物足りません。保護的が嵩じて閉鎖的にもなりやすく、その意味では、子どもにとって恵まれた環境とはいえないのです。

育児支援には多様な人が関わり、子どもが多様な人と出会い交流することが重要です。今日、育児支援事業をしているのはほとんど女性、しかも育児経験のある女性です。母親とは違う女性と出会うことも、子どもにとっては重要ですが、家庭における父親の育児不在と同様に、支援事業においても男性不在はやはり問題です。育休を取得したり、積極的に育児に携わる父親が困惑することは、育児支援施設でも公園でも母親、女性ばかりという現実です。父親がとけ込むには抵抗が感じられるようです。

男性を仕事にばかり吸収してしまった社会は、家庭や地域に男性不在をもたらします。社会における男女の棲み分けが改善されない現状は、たとえば「ケアは女性の仕事」といった、子どもにも偏ったジェンダー意識を植え付けることになります。子どもに豊かな人的環境を提供する第一歩は、いまだに改善されない育児不参加の男性を、育児支援に引き込むことです。

退職後の男性はいろいろな社会参加を模索していますが、子育てが退職後の活動として注目されることは、ほとんどありません。しかし、子どもとの触れ合いは、それまでの職業一辺倒の生活には得られなかった体験として、新たな自己発見にもなるでしょう。幼い子どもの活き活きとした姿に、新たな活力を得られることもあるでしょう。母親をはじめ、女性ばかりの養育環境にあって、多様な刺激を与えられる男性の登場を子どもたちは大歓迎するでしょう。

集団の中で体得する他者への思いやり

集団の中で人間として大事な心と力を子どもがいかに豊かに学ぶかについて、たまたま出会った感動的なシーンを紹介したいと思います。

もう十数年あまり前のこと、ある保育園の自由保育の部屋の片隅で、子どもたちを観察していたときのことです。私のすぐ傍で、四、五歳の男の子たち三、四人が棒を振り回してチャンバラ遊びをしていました。そこへよちよち歩きの子どもが近づいてきました。チャンバラ遊びがとても活発なので、その子がどうなるか、男の子たちはどうするかとはらはらしていました。ところが、男の子たちの遊びが、ぴたりと止まりました。そしてその中の一人が、さっと飛び出していきました。何が起きたのかみていると、その子は部屋の隅へ行き、棚からおむつをとり、やがて先生を連れて戻ってきたのです。

いったい、なぜそんなことが起こったのでしょうか。私は、よちよち歩きで近寄っていく子に男の子のチャンバラ遊びは危ないなと、ただ心配するばかりでした。ところが、その男の子には小さい子のおむつが濡れていることが、なぜかわかったのでしょう。表情からか歩き方が変だったのか、いずれにしろ、ものいわぬ幼い子どもの様子から、おむつが濡れたらしいとちゃんと見抜いたのです。そして気持ち悪いだろう、とり替えてもらいたいだろうと思ったのでしょう。しかし、自分はおむつを替えてやることはできないので、そこで自分ができる精一杯のこと——おむつをとって、先生を連れて来ることを、黙々とやってのけたのです。

その男の子も幼いときからその保育園で育っていました。ですから、自分も先生におむつを替えてもらって気持ちよくなった遠い思い出があるのでしょう。一方、幼い子どもたちを日々みていて、子どもは何が好きで何を求めているのか、何をしてもらって満足しているのかなどを、自分のことのように知るようになったのでしょう。

自分の心の働き——嬉しいこと、嫌なこと、気持ちのよいことなどを誰しも実感して知っています。これは動物でもすること、できることです。ところが人間だけは、それ以上のことを知るようになります。他人がどう感じているか、どのような気持ちでいるかなど、他者の心がわかるようになります。「心の理論」といわれます。人間の子どもは、かなり早くからこの力をもっています。いろいろな年齢の子どもがいる保育園では、先生から世話を受け、友だちから何かしてもらった嬉しい体験や、逆にけんかなど自分と他者との対立も経験します。こうした豊かな対人経験は、他者の心を敏感に察する力を育む場でもあります。そして他者の心に応えようとして、その人のために精一杯の力を出して援助する態度も育まれます。

すぐ傍にいながら、小さい子どもの不快な状態を察することのできなかった私は、それだけにこの四、五歳の男の子のふるまいに感動を覚えたのです。親はみな子どもに対して「相手の気持ちを考えて」とか「人に親切に」などといいます。相手の身になったり、困っている人を助けるといったことが大事なことは、誰も異論はありません。けれども、そうした心や力を身につけさせることは容易ではありません。口でやかましくいってもほとんど効果はありません。対人的な環境や対人的な体験が豊かな集団保育の場で、家庭ではなし得ない心と力を子どもが育んでいることを実感しました。子どもは集団の中で学ぶということを改めて体験的に気づかされました。

社会で子どもを育てる意義

これまでみてきたように、育児支援施設は、子どもたちが集団の中で人から学び育つ場としての役割をもっています。その役割を自覚的に担うように工夫することが必要でしょう。親やおとなの干渉なしにいろいろな子どもと遊び、おもちゃや遊びの順番などで衝突やいざこざを体験することなども大切です。ここでのおとなの役割は、直接の介入を最小限にして、子ども同士の交流を見守ることです。親は、自分の子どもだけでなく、他の子どもをみることも大切です。また、他の親が子どもをどう扱っているか、どのように言葉をかけているかなどを知ることで、自分の日頃の子どもへの態度を考え直す契機ともなります。

「皆で育てる、ほめる、叱る」という標語があります。これは、自分の子どもだけでなく、気がついたおとなが、どの子の世話も必要に応じて臨機応変にする、悪いことをしたときにも注意したり叱ったりする、よくやったことにはほめる、といったことを勧めるものです。そのことによって、子どもが、親だけでなくいろいろなおとなから見守られている安心感や信頼感をもつようになることを期待しています。

親は自分の子どもに対して欲があるため、ダメな点を叱ったり、子どもの現状よりも高い水準を要求しがちです。そのようなマイナスのフィードバックを受けた子どもが自信をなくし、否定的な自己イメージをもちやすいことはすでにみました。また、子どもの特徴や長所というものを親は案外気づかずにいるものですが、親以外の人から認められ、ほめられる体験は、子どもにとっては励ましになり、自己発見や自信にもつながるのです。意識しなければ、こうした体験を子どもに与えることはできません。今日の親子を取巻く状況を考えれば、家庭や親に子どものしつけ、責任を厳しく問うよりも、育児支援施設などの社会的な取り組みがもっと積極的に進められる必要があると考えます。

第5章　子どもも育つ、親も育つ

――〈生涯発達〉の視点――

前章では、子どもにとって親がなすべき重要なことは、子どもをしっかりみて、子どもの気持ちや特性を尊重し、応答的な対応をすることだと述べました。これには特別な知識や教育の方法はいらないので、それほど難しいことではないように思われます。しかし現実には、そのことができない親が多いのです。

子どもをしっかりみて、応答的な態度で接するには、親自身が不安を抱え込まず心理的に安定していることが前提となります。すなわち、親自身が生きているという実感や、自分の将来に対しての希望をもてなければ、子どもにゆったりした気持ちで向き合い、子どもをありのまま受け入れることは困難です。育児不安になるのは、これができていないケースです。

親自身に心理的な安定がないと、子どもの言い分に耳を傾ける余裕がなくなって、頭ごなしに自分の考えを押し付けたり、不満のはけ口のように子どもの教育にのめり込んだりすることにもなってしまいます。あるいは、その逆に、自暴自棄になって、子どもをまったくかまわなくなりやすいのです。

いずれにしろ、子どもの養育にあたる親自身が心理的に安定し、幸福感を抱いていることが、何よりも重要なことです。それには、親自身が成長・発達していること、その機会をもっていることが必須です。本書の最後に、子どもを育てる側の親自身の発達の現状を分析し、子どもが育つ条件として、親の側に何が求められているかを考えたいと思います。

1　子どもの育ちと親の育ち

生涯にわたる人間の成長・発達

長らく、発達というと、子どものこと、すなわち、おとなになるまでのこととされてきました。しかし、現在では、人間はおとなになったら発達が終るものではないと考えられています。すなわち、研究によって、人の能力や性格など心の働きは、おとなになって以降も死にいたるまで成長し、発達することが確認されています。

たとえば、一九八〇年代の初め頃までは、知能は一九歳前後がピークとされていました。しかし、現在では、言語を用いた推論的な能力は、おとな期にも伸びつづけることが明らかにされています。創造性や柔軟な思考力なども同様に、おとなになって以降も発達しつづけ、高齢期に発揮されることがわかってきました。そこで、学問の分野でも、人間の成長・発達を扱う領域は児童心理学や青年心理学だけでは不十分となり、生涯発達心理学へと進展していったのです。

人は、自分の能力を高めたい、もっといろいろなことを知りたいなど、成長への強い動機をもっています。この成長への動機づけをもつがゆえに、職業や家族など様々な体験によって新しい技能や知識、感情、対人的行動、価値観などを身につけていきます。このプロセスが学問的に検討されつつあります。

こうしたことは、誰しもが日々体験していることであり、特に異論はないでしょう。重要なことは、成長・発達していることがその人の精神的健康の基盤であるということです。自分は幸福だと思うことができ、充実した生活をしていると感じる主観的な幸福感(すなわちウェル・ビーイング)が重要なことはいうまでもありません。この主観的幸福感、精神的健康の基盤となるのが、自分が日々成長しているという実感、すなわち成長・発達感です。たとえば、経済的安定や家族関係のよさなども、もちろん幸福感の一端です。けれども、それ以上に、以前の自分よりいまの自分の方がより好ましく、日々新しい発見があって成長しているという感覚をもてていることが、精神的健康や幸福感の源泉であることが実証的に確かめられています。

発達しつづける親・おとなの役割

親の幸福感と心理的安定の基盤である親の自己成長・発達は、子どものモデルとしても重要です。すでに述べたように有能な観察学習者である子どもは、口やかましくいわれること以上に、親がどうふるまっているか、どう生きているかということを自分のモデルとして学びます。親自身が成長・発達を止めてしまっていながら、子には、一生懸命に努力すべきなどといっても、子どもは親を批判的にみるだけです。親自身が、どんなことであれ、自らが成長すべく努力し、精一杯生きている姿をみせることが、子の発達に対して親がなし得ることです。子育てというと、とかく子どもの側ばかりが注目され、親自身の成長・発達はとかくなおざりにされがちです。

思春期になると、子どもは、親たちを「夫と妻」としてみるようになります。また、親を職業人としても、家庭人としても観察します。両親が夫婦として調和せずに批判し合う対立関係にあることは、子どもにとっても不快で疎ましいことです。子どもは、その不快感を直接、親にはいわないでしょう。はっきり自覚していないのかもしれません。けれども、間接的な形で親に抗議し、批判するのです。

すでに第2章2でみたように、親たちの関係の不和や対立が、不登校や引きこもりの原因であるケースは、けっして例外ではないのです。親たちの方は、自分自身の生き方や夫婦の関係について、もう仕方ないと半ば諦めているかもしれません。しかし、子どもの方は、それを批判的にみているのです。先にみた例でも、親たち、おとなの側が自らの関係を修復させようと努力しはじめたことが、子どもの心を安定させ、登校へと向かわせる契機となっていたのです。

親たちの発達は、子どもの心理的安定の基盤であると同時に、子どもの発達のモデルなのです。

このケースでは、親の側の夫婦としての関係修復が子の問題解決につながっていますが、関係の修復ばかりが解決の道ではありません。日本では、かなりの夫婦が表面的には調和しているようにみせていながら、実は、妥協や諦めの関係であることが多いのです。程度によっては、関係修復よりも関係の解消の方が問題の解決に向かうことも考えられるものもあります。たとえ、そうなったとしても、表面的にとりつくろった関係でいるよりも、子どもにとっては良好な場合もあるのです。なぜなら、子どもにとって大切なことは、まず親がおとなとして誠実に生きていることだからです。

おとなが子育てから学ぶ価値

いうまでもなく子育ては、未熟な子どもの命を守り、成長・発達させるための必須の営みです。したがって、育児の方法や親のあり方が子どもの成長・発達にいかに影響するかが、これまでも、さかんに研究されてきました。「親のしつけが子どもに与える影響」といったことが、親子関係研究のテーマとされてきたのです。

この「子どもの成長・発達のための育児、親」という従来の研究に、最近、別な視点から光が当てられてきました。すなわち、子育ては子どものためだけではなく、子育てをする親・おとなにとっても、その成長・発達に資する意味ある営みであるという視点です。親は育児に自己資源の投資として多大の犠牲を払いますが、その反面、育児は他のいかなる活動からも得られない多くのものを、親となる人、親をする人にもたらします。こうした側面が注目され、「子どものための育児研究」から、「親のための育児、親にとっての育児研究」へと視点が一八〇度、転換しました。俗に「育児は育自」などともいわれますが、学問においても取り上げられるようになったのです。

育児も家事と同様に、機械化・社会化によってかなり省力化されました。文明の利器が「侵入」しました。けれども、便利になった反面、それだけにむしろ、育てる人と育てられる子どもとの間の心のやりとりは、さらに重要性を増しています。その質が問われることとなったのです。これは家事とは決定的に異なる点です。育児は家事と異なり、完全に人と人との関係そのものです。したがって、その影響は、対象である子どもだけにとどまらず、育児する人にも多面にわたってもたらされます。親たちに、どのような点で「子どもをもつ前と比べて変わったか」を調査した結果をみると、育児をする体験が親にどのような変化をもたらしているのか、そのことがいかに人間的な成長へとつながっているかがわかります（表5-1）。

母親の方はこれらいずれの面についても、自分に成長が著しいと報告しています。そのことは、父親をはるかに凌駕するものとなっています。いまだに父親の育児不在の多い日本社会で

表5-1　親となることによる成長・発達

柔軟さ	考え方が柔軟になった 他人に対して寛大になった いろいろな角度から物事をみるようになった
自己制御	他人の迷惑にならないように心がけるようになった 自分のほしいものなどを我慢できるようになった 自分の分をわきまえるようになった
視野の広がり	環境問題(大気汚染・食品公害)に関心が増した 児童福祉や教育問題に関心をもつようになった 日本や世界の将来について関心が増した
運命・信仰・伝統の受容	人間の力を超えたものがあることを信じるようになった 信仰や宗教が身近になった 物事を運命だと受け入れるようになった
生き甲斐・存在感	生きている張りが増した 自分がなくてはならない存在だと思うようになった
自己の強さ	多少他の人と摩擦があっても自分の主張は通すようになった 自分の立場や考えはちゃんと主張しなければと思うようになった

出所：柏木惠子・若松素子「「親となる」ことによる人格発達」『発達心理学研究』5巻1号，1994年6月

は、母親は、「親となる」だけの父親とは異なり「親をする」ことになります。その体験が、母親に、こうした人間的な成長をもたらすのでしょう。

人間の育児は、けっして本能で自然にできるものではありません。子どもは確かに、かわいい存在です。けれども親・おとなのペースなどお構いなしに、泣いたり、暴れたりして、手の付けられない存在ともなります。やっと寝てくれたと思ったら、すぐ眼を覚まして泣き出す。おむつも替え、ミルクもあげたのにぐずりつづける。そうかと思えば、ミルクの時間なのに起きない……。このように、子どもの行動は、親の願いや計画どおりにはいかず、どうしたらいいか困惑する

ことばかりです。おとな同士には通用する常識や妥協も、まったく通用しません。育児とは、このような子どもを、社会で生きていくことのできる「人間」に育て上げることです。

通常、仕事や勉強をする場合、計画や努力、約束などは成功への鍵となる重要な要素です。したがって、おとなは、そうした論理にしたがって行動することに慣れています。ところが、そのやり方は、子ども相手の育児にはまったく通用しません。それでも何とか子どもの要求を汲み取りながら育児していくには、多大の努力が必要です。

だからこそ、育児は、親に人間的な成長をもたらすことにもなるのです。自分の思いどおりにならず、自分の理解を超えた存在とつきあうことで、おとなは広く多角的な視野を養うこともできます。また、親の努力とは無縁のように子どもが育つ姿をみることで、畏敬の念を抱くことにもなるでしょう。他方で、その子どものために、自分の存在意義を自覚し、容易には妥協できない強さももつようになるでしょう。そうした力は、計画や努力、論理的な考えも通用しない育児を体験したからこそ得られる、人間的な力です。

育児休業をとった父親も母親と同様の変化が自分にもあったことを認めています。このことは、育児する体験が、仕事などとは違った、ユニークで貴重な成長・発達をもたらすことを示唆しています。育児休暇の取得に限らず、育児を積極的に担っている父親や父子家庭の父親の場合も、同様です。

子どもをもち、子育てをした経験が、父親にとって何であったかを四〇人の父親に語ってもらい、その記録をまとめた本がアメリカで刊行されています(R. Palkovitz, *Involved fathering and men's adult development*, LEA, 2002)。この記録の中で多くの父親に共通していることは、自分の性格や考え方などが(結婚や配偶者によってもたらされるものよりも)子どもによって大きく変化したと述べていることです。また、そうした変化の発達は、自分が子どものモデルだという自覚とそのための努力に負っているとみている点も印象的です。

このように、育児が子どものためだけではなく、親・おとなの成長・発達にも資するということは、他の動物にはない人間独自のものです。おとなになって以降も、成長・発達が生涯にわたって展開する人間だからこそ、できることなのでしょう。その重要性を再確認する必要があります。

「子を育てること」と「自ら育つこと」

育児によっておとなが成長する中身には、自分を抑制することと、安易に妥協せずに自分を主張することという、一見矛盾する二つの面が含まれています。子どもを発達の主体として認め、受容しようとすれば、親は自分を抑えなければなりません。けれども、それは親が自分を無にして、子どもの言いなりになることではありません。親自身が、単に親としての役割にとどまらず、一個の主体として生きていることが重要です。子育てを通じて、自分の存在価値を確認し、主張する強さを学んだという親たちの自覚は、ひとりのおとなとして学び育つことの必要性を認識することでもあります。

すでにみたように、育児不安が深刻となるのは、母親が一人の主体としての存在感・成長感を喪失することでした。こうした経験は、子どもを育てる側の心理的安定は、自ら育っているという実感をもつことなしにはあり得ないということを、母親たちに認識させます。すなわち、子どもを「育ち」の主体として受容するためには、親も自らが「育ち」の主体として生きることが必要なのです。育児不安の母親たちが「育児だけしていることへの不安」を感じていることは、逆に自分自身も活き活きと育っているという認識がいかに重要かを示しているのです。子育てによって自己の強さを学んだという述懐は、自らが成長・発達することの必要性を知ったことを示唆しています。

しかし、育児の場面では、親が一〇〇%、「個」として行動するには無理があります。育児では、あくまでも子が主体であり、親は個人としての子どもを受容し、そのことを中心に応答的であることが最も重要だからです。したがって、育てる者が主体として個人として生きている実感を得るには、子育て以外の場がどうしても必要です。

また、社会の変化は、家や企業など集団の一員としてだけではなく、個人として生きる必要性をもたらしました。特に女性にとってこの変化は大きなものです。親にとって育児は意味のある活動ですが、親役割を精一杯に努めるだけで、心理的に充たされることはもはや不可能です。このように個人化が進行する中で、「育てること」と「自ら育つこと」の二つの課題を同時に追求することが必要となっているのです。「親なのだから我慢すべき」という考えでは、親にストレスをもたらすだけであり、そのことは子どもにも波及します。親も育つ、子どもも育つ。この双方のバランスがとれるようにすることが求められているのです。これは、先に述べた資源の投資の葛藤を防ぐことでもあります。

未婚・子なしで働きつづける女性の増加

第1章1でみましたが、日本の女性の労働力を年齢別にグラフ化すると、M字型となる特徴があります。すなわち、出産・育児のために多くの女性が退職し、三〇歳前後の労働力が大幅に低下するからです。最近、このM字型の底が少しずつ上がってきました。出産・育児による退職が減り、子どもをもっても働きつづける女性が増加したからでしょうか。そうではありません。未婚子なしで働きつづける女性が増えていることが、このM字型の底を押し上げているのです(図5-1)。

この女性たちは、結婚や出産・育児よりも、仕事を継続することを選択したとみることができます。女性たちは、自分の周囲の状況から、家事・育児と職業的役割の両立が困難なことを知っています。他方、職業を通して、自分の力が発揮でき、経済的にも精神的にも自立できることを経験しています。この経験を放棄したくないという思い、両立の困難さを抱えてまでも、結婚や出産・育児というリスクを背負いたくないという思い、それらが、女性に結婚や子育てを回避させる一因となっていることは間違いないでしょう。男性にとっては当たり前である、職業をもちつづけることが、いまだに日本社会では、女性にとっては容易ではない現実を示しています。

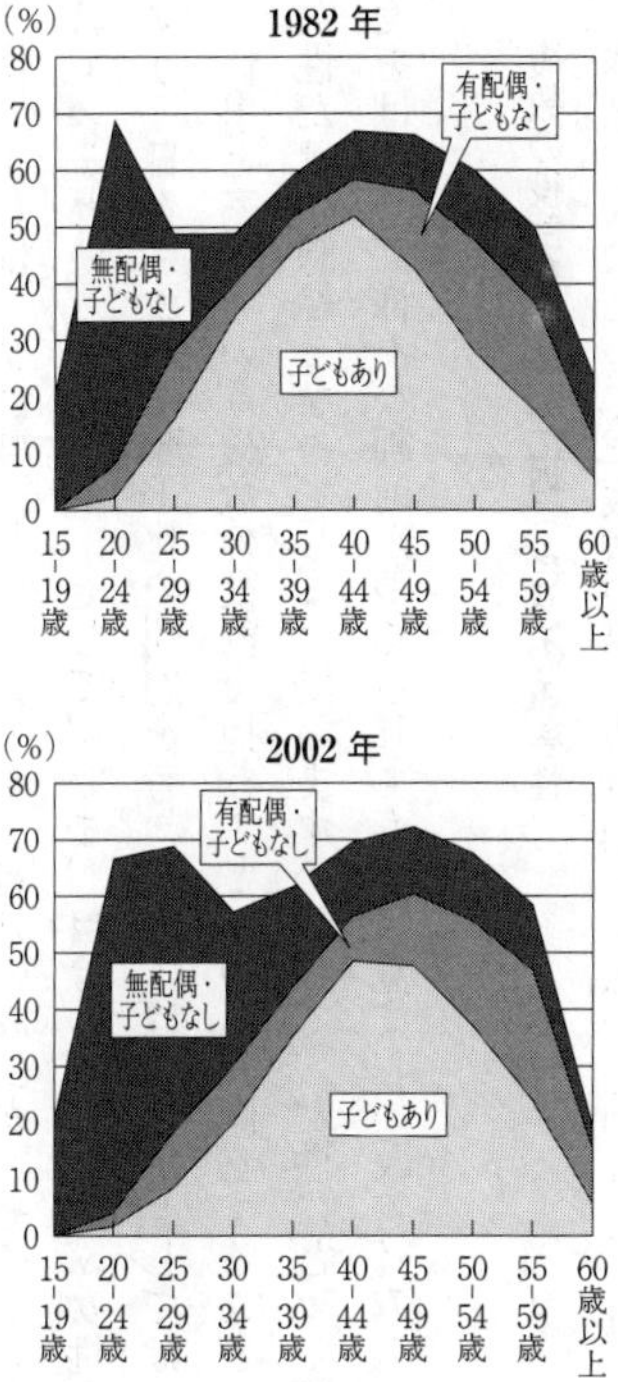

注：「無配偶・子どもなし」は，未婚者のほか，離別・死別も含む．「子どもあり」は，配偶者なしと配偶者ありを含む

出所：総務省「就業構造基本調査」より，少子化と男女共同参画に関する専門調査会委員武石恵美子氏(法政大学)による特別集計

図 5-1　女性の家族関係別にみた就業率

換言すれば、女性は子どもの養育か、自分の成長か、そのどちらに投資するかの選択を迫られているということです。そして、いま、自分の成長を選ぶ女性が増えているということでしょう。日本における少子化の問題を考える際には、見落としてはならない重要な事実です。

仕事と家庭という複数の役割を担うこと、つまり両立することは、日本社会では、ほとんど女性だけの課題となってしまっています。そして、女性にとって両立が困難な現実は、育休制度をはじめ、様々な制度がつくられても、目覚ましい改善はみられていません。

複数の役割を主体的に担うことの重要性

本来、人にとって、複数の異質の役割を主体的に担うことは、(一つの役割だけをしている以上に)その人を活性化させ、精神的健康を高めるものです。産業心理学の研究でも、そのことが明らかとなっています。逆の見方をすれば、一つのことだけ集中的にすることは精神的に不健康で、心理的なバランスを崩すことになるのです。

職をもつ母親が深刻な育児不安に陥ることは多くはないことはすでに第1章1でみました。彼女たちは仕事もこなし、帰宅すれば家事・育児があり、その両立の生活は大変です。多忙に違いありません。保育園に迎えにいくために早々に職場を離れて帰ることは、周囲への気兼ねもあるでしょう。もっと時間がとれて働いていれば、仕事ももっとできるのにと残念に思うこともあるでしょう。けれども、仕事から離れて子どもの相手や家事をすることは、仕事とはまったく異質な活動であり、一種の気分転換となります。それによって仕事への新たな意欲が強まり、仕事の発想さえ出てきます。そしてトータルとして、精神的健康を保つことにもつながりもします。複数の役割をもつことの意味はこういった点にみられます。

しかし、複数役割を担うことがプラスの効果をもたらすためには、二つの条件が必要です。第一は、複数の役割に主体的に関与することです。第二は、その量が適度であることです。要するに、それらの役割を嫌々させられるのではなく、自らが積極的にこなし、しかも、それらの役割が過重にならずにバランスがとれていることが必要です。

こうした観点から日本社会の現状をみると、仕事と家事・育児の両方をこなしている女性の多くは、双方の過重な役割を、追いかけられるようにして、かろうじてこなしているのではないでしょうか。仕事も忙しい、しかし、父親の育児不参加のために一人で家事・育児をこなさなければならない。あまりに過重であることから、義務感で、仕方なくこなすことになりかねません。義務感から行われる育児が、子どもにとってよいはずがありません。「器用じゃないから両方できない」「(両方をこなすための)凄まじい生活は、私には無理」といった思いを抱いた女性は、出産を機に職場を離れることになります。

働くことは、性を超えて、人間の権利、責任です。と同時に家族役割を担い、家族生活を享受することも権利であり責任です。日本の現状では、この二つの権利、責任が男女どちらにも保障されていないともいえます。仕事と家庭の両立支援は、女性のためのように強調されがちですが、男女いずれにも必要なのです。むしろ、育児による男性の変化を知れば、現状では、男性にこそ両立の支援をすべきではないかと感じます。いずれにしろ、多くの男性は家族役割の権利も責任も放棄してしまっているのが、日本の現状です。

育児の体験が男性を変える

多くの男性が子育てから降りてしまっている現状にあって、少数ながらも育児に積極的に関わる父親も出はじめています。離婚や妻の病気、あるいは妻の仕事が多忙であることなど、きっかけは様々です。やむなく育児することになった人もいれば、育休などをとって積極的に育児をこなす父親もいます。きっかけは異なっていても、その父親たちに共通しているのは、育児体験から得たものが極めて大きかったことを認めていることです。

当初は、育児に直接かかわることでストレスにさらされ、母親と同様の混乱や葛藤を体験します。これについては第1章2で紹介した育休をとった父親の述懐にみられたとおりです。しかし次第に他のいかなる人間関係や活動からも得られない深い充足感も味わうようになっています。

たとえば、ある父親は、毎日保育園に送っていく道々の子どもとの会話から、新しい視点でものをみることを学んだといいます。別の父親は、子どもの水泳や音楽教室に通う機会に、自分自身も、子どもと一緒に水泳や楽器を習うなどしました。育児体験をしなかったら、仕事人間だけで終っていたこと、育児のおかげで自分が変われたことなどを感謝を込めて記しています(土堤内昭雄『父親が子育てに出会う時』筒井書房、二〇〇四年)。

育休をとった父親たちの感想では、彼らの仕事観の変化も興味深いものです。育休をとる前は、仕事が何より大事であり、仕事自体もとても面白いと思っていたといいます。しかし、その父親が育休をとって、子どもとの生活や育児を体験してから職場に戻ったら、仕事に対する考え方が変わったといいます。仕事だけが大事なのではないことを実感し、仕事だけを何にもおいて優先すべきとは思わなくなったというのです。

もちろん、彼らにしても、仕事の大切さを認識し、良い仕事をしたいという気持ちはあります。けれども同時に、職場以外にも家や子どものために自分がしたいこともあると認識し、家事や子どもの相手をすることが自分にとって大切だと思うようになったというのです。つまり、仕事の価値を相対化することができ、別な価値に眼が開かれるようになったことを意味します。こうした現象は、男性の生き方に関わる重要な変化です。育児体験がその変化、発達をもたらしたことに注目したいと思います。

幼児をもつ男性の大半は、稼ぎ手として仕事中心で家庭に投入するエネルギーはごく少ないのが現状ですが、そうした男性たちの幸福感や充実感は何か、ということについて検討した研究があります(伊藤裕子、相良順子、池田政子「既婚者の心理的健康に及ぼす結婚生活と職業生活の影響」『心理学研究』七五巻五号、二〇〇四年一二月)。それによると、中年期の男性では、仕事が認められた、昇進した、収入がよくなったなど職業上の要因が男性の幸福感や充実感を大きく規定しており、結婚満足度といった家庭の影響はほとんどないという結果が出ています。これは、フルタイム職の女性では、職業的要因と同時に結婚満足度が、その幸福感と強く関連していることと大きく違うところです。

父親にとって必要な育児とは

人間の発達は、何かができるようになったとか、何らかの力がついたといった、量の変化だけではありません。異質の体験をすることによって発想の視点が変わったとか、以前とは違ったやり方をするようになった、柔軟になったといった、質的な転換も重要な変化です。

一つのことに集中していると、とかく発想もやり方も固定しがちです。それなりに能率が上がることもありますが、同じ活動の単純な反復のために心理的な疲労が生じ、多くの場合、作業効率も低下します。したがって、異質な活動に関与することで、その疲労や倦怠が解消され、新たな意欲と発想を得ることができるのです。このことは、まさに発達の質的な展開といえるでしょう。

人間にとっての発達を考えた場合、すでに述べた複数役割に関与することのメリットもここにあります。育児という、職業とはまったく異質の活動に関わるようになった父親が「育児は育自」と実感し、仕事の価値を相対化できたと述懐しているのは、このような発達の質的な転換にほかなりません。夫・父親の育児参加は配偶者、すなわち妻・母親の心理を安定させ、また子どもの発達にもプラスの意味をもちます。しかし、育児という営みは子どもにとってのみならず、育児する人にも重要な発達の場なのです。このように重要な意味をもつ育児に対して男性が参加することが、容易に実現できていない状況はとても残念なことです。

子育てという権利

こうした男性の育児不在、あるいは、母親が仕事と育児の過重な負担を抱えているという問題をどうすればよいのでしょうか。これに対して、私の提案したいアクションプランは「乳幼児をもつ労働者は(その期間に限り)男女とも残業を禁止する」というものです。乳幼児がいる期間、父母である労働者は定時に帰宅し、十分に家庭生活や家事や育児を行う時間を確保する。こうしたことを乳幼児のいるときに、誰もが交代で行うことができれば、もっと家族役割の体験をもてるようになるのではないでしょうか。

これは当のおとなにとっても、子どもにとっても価値あるものでしょう。それだけではなく、そうした、仕事以外の体験をしっかりと行うことは、逆に仕事や企業にも活かされることになるのではないでしょうか。発達の原則からみれば、一つのことだけに集中していることは、心理的健康を害し、能率的にも良くありません。また、生活体験を欠いた企業の経済活動が、社会やそこに暮らす人々にとって良いはずはありません。異質な体験が、それらの問題を修正することになるでしょう。

もちろん、「残業禁止」を実現するためには、様々な制度・条件の整備が必要です。単に「残業禁止」としただけでは、むしろ、働いている人たちが子どもをもつことをさらに回避する傾向を強めるだけになるかもしれません。したがって、「残業禁止」を実現するために、親である労働者が残業をしなくてすむように、すなわち、しっかりと、家事・育児ができるように保障する枠組みを企業と国がきちんと整備しなければならないでしょう。たとえば、労働時間の制限を企業にも義務づけ、その間の経済的な支援を行政が労働者(と企業)に行うなどといった制度も考えられるでしょう。

もっとも、育休制度があっても知らない男性さえ少なくなかったり、あるいは、育休をとるのは職場に迷惑をかけるからと気兼ねしてしまったりするような日本社会の現状においては、まず、子育ては性にかかわらず親の責任であり権利だという認識を再確認することが必要です。女性であれ男性であれ、家族役割を担い家庭生活を享受することは、人間として当然の権利であり責任なのです。家庭をもった者にとって、家庭（家族）責任、権利が男女の労働者双方のものであることは、ＩＬＯ（国際労働機関）条約第一五六号「家族責任をもつ男女労働者の権利」に明記されています。したがって、こうした責任と権利の認識をもっと普及させ、そのうえで、それを保障する具体的な方策の実施が必要です。

男性もごく普通に育休をとるスウェーデンでは、育休は家族役割をする当然の権利であり、皆が交代でカバーし合うのはお互い様であると考えられています。ここには、職業と家族役割を同じ比重で尊重している姿勢が鮮明にうかがえます。同時に、父親が育休をとることが職業において不利になるどころか有利になる制度的な裏付けもあり、男性の育児権が保障されているのです。

2　急がれるワーク・ライフ・バランスの確立

「家庭にやさしい」企業の実状

一九九九年六月、日本は「男女共同参画社会」法を国の基本的政策の柱として成立させました。そこでは、あらゆる領域での男女の共同参画がうたわれています。この法律が成立して九年になりますが、男女共同参画は、いまだ実現していません。

確かに女性の就業は増加し、職場は、かつてのように男性一色ではなくなりました。しかし現在でも、管理的地位にある女性の数は、議会や官庁、一般企業、大学研究機関など、いずれの場においても先進国の中では最低レベルです。正規雇用者の男女間の賃金格差も三〇%を上回り(二〇〇三年)、先進国の中では韓国の四〇%(二〇〇二年)に次いで二番目に高い数値となっています(内閣府男女共同参画局『男女共同参画社会の実現を目指して』二〇〇七年)。夫だけが働く世帯は減少し、妻が有職の世帯が上回ってきてはいますが、これまでみてきたように、家事・育児は依然として女性の肩にかかっています。夫と妻の間のケアもアンバランスです。男女の共同は「あらゆる領域で」とされていますが、家事・育児は、ある意味で、共同が最も進んでいない領域といえるでしょう。

家事・育児の共同を進めるためには、まず日本の男性の職業労働時間が長すぎるという状況を変えなければならないでしょう。長時間労働が、社会活動や家事・育児から男性を遠ざけている大きな要因です。生活を重視せず、経済優先の企業の体質、あるいは「男は何といっても仕事」という社会風潮や、歪んだジェンダー規範などが、男性の長時間労働の背景にあります。その

最近になって「家庭にやさしい企業」と呼ばれる会社が現れ、評価されたりもします。その

「家庭にやさしい」の中身をみますと、充実した育児休業制度、企業内保育所の設置、保育園の送迎時間を認めるなどといったものです。もちろん、これらは、仕事と育児の両立をするうえで、とてもありがたいものでしょう。

しかし、こうした制度や施設は、子どもをもった女性を念頭においている場合がほとんどです。女性が働きやすい職場といえるかもしれませんが、その一方で、女性が家事・育児をすることが前提とされているのです。すなわち、女性・母親が家事・育児もこなし、同時に仕事をする条件をつくったということです。家事・育児をおろそかにしない程度で、女性・妻の就業を認める夫や社会と同じ姿勢です。そして実際に、この制度の利用者はほとんどが女性です。うがった見方をすれば、「家庭にやさしい」というよりも、女性の労働力を確保・活用する企業本位の戦略だといえるかもしれません。「育児は女性」という性別分業を、結局、そのまま保持されることとなります。

これが本当に「家庭にやさしい」といえるでしょうか。「仕事は男性」「女性は仕事も家事・育児も」といった認識が黙認され、女性側の過重な負担はそのままです。夫と妻の間の非衡平性も父親不在が母や子どもにもたらす問題も、そのまま温存されてしまいます。

すでに指摘したように、男女ともに、家族役割を担い家庭生活を享受することは人間として当然の権利であり責任なのです。この権利が、「家庭にやさしい」とされる企業でも、往々にして保障されていないのです。

家族観の変化にみる男女差

男性と女性の性格・特徴を調べた研究によりますと、積極的、活動的、あるいはリーダーシップを発揮するとか、決断力をもつといった、これまで「男性的」とされた特徴は男性と女性とでほとんど変わりがなく、やさしさ、素直、謙遜など「女性的」とされてきた特徴についても男女間にほとんど差がありません(飯野晴美「「男らしさ」「女らしさ」の自己認知と性役割」『明治学院論叢』六〇〇号、一九九七年)。かつてのように、男性と女性が対照的な性格上の特徴をもたなくなったのでしょう。

けれども家族観や具体的な行動では、女性の変化がより顕著です。女性は、家庭から社会に出て、仕事をもつなど生活が変化しました。すると、従来女性に望ましいとされてきたやさしさや従順だけでは社会での活動には通用しません。積極性や主体的な判断力などが必要です。またその活動をすることで、積極性や判断力などはさらに養われ強まります。そうした結果がいま述べたように、男女差の低下となっています。

中年男女の結婚の理想を比較しますと、「相思相愛」を第一に考える点では一致しています。ところが、女性がこれに次いで大事だと考えるのは「妻の生き方の尊重」ですが、男性は「妻の献身・夫の甲斐性」が理想です(柏木惠子、平山順子「結婚の〝現実〟と夫婦関係満足度との関連性」『心理学研究』七四巻二号、二〇〇三年六月)。つまり、女性は結婚生活の中で「個」として尊重されることを重視しているのに対して、男性は性別分業と夫唱婦随つまり伝統的な夫婦関係が理想だというのです。相思相愛で結婚した夫と妻が二人の生活に求めるものは、かくも異なっているのです。

男性と女性のワーク・ライフ・バランスは

このように女性の変化と比べて男性の変化が鈍いのは、何といっても男性は稼ぎ手として現実に職業生活に拘束されていることにあるでしょう。したくても文化的活動やボランティアをする時間はとれません。その点、女性とりわけ、仕事をもたない、子育てを終えた女性は、かなりの時間とエネルギーの余裕ができます。子育て中は育児のため家庭内に拘束されますが、その反動もあってか、家庭から社会へ出て、時間と心身のエネルギーという資源を使って、妻でも母でもない立場で活動しています。その活発で活き活きした姿は、やっと「個」としての生活がもてたといわんばかりです。

しかし、これは夫によって生計が保障されているからです。生計のために長時間仕事に拘束されてきた男性が、退職後、趣味を楽しみたいと思うのは無理からぬことです。このように、女性は結婚の前半は家庭で、後半は社会でと生活の軸足を切り替える、これに対して男性はその間ずっと職業に拘束され、退職後にやっと、職業以外の活動を、という状況です。

これはワーク・ライフ・バランスの点からみると、けっして満足できるものではないでしょう。男性も女性も人生いずれの時期にも、ライフに関することとワークに関わることとの間のバランスが求められています。それが人の精神的健康を保たせるために重要なことは、すでに指摘してきました。

日本の男性と女性のワークの実態

生活時間調査の国際データをみますと、日本で男女共同がいかに進んでいないかは歴然です。かねて労働とは、有償の職業だけが取り上げられていました。しかし最近では、人間の生存のために必須の家事・育児という無償労働も労働として認知されるようになっています。この二種類の労働に男性と女性がどのくらい従事しているか、その時間を様々な国ごとにまとめたのが、図5-2です。

この図は様々なことを考えさせてくれます。まず、日本の男性と女性を比べてみますと、これまでみてきたように、男性は仕事に大半の時間を費やし家事時間は極めて少ないこと、その一方で、女性は仕事と家事双方にほぼ同じぐらいの時間をかけていることが改めて確認できます。他の先進国と比べてみますと、これほど男性が仕事中心で、家事をしない社会は珍しいほどです。

仕事が忙しくて、家事・育児ができないと、日本の男性はいいます。しかし、他国のデータをみますと、他国の男性ももちろん職業をもっていますが、日本の男性以上に家事もしているのです。労働時間全体における男性の家事時間が占める比率をみても、他国では四〇%近くあるのに日本の男性は一二・五%にすぎないのです。

日本の男性は家事・育児をする時間がないというよりも、そもそも家事や育児のために時間をとるという意識がないのでは、とさえ疑ってしまいます。たとえば、次のような研究結果があります。男性に「仕事のあと、さらに一時間あればどうするか」と尋ねたところ、「仕事をする」が最多であり、ついで「どこかに寄って(から帰る)」、なかには「一杯やって帰る」だったということです(牧野カツコ「働く父親の家庭生活と

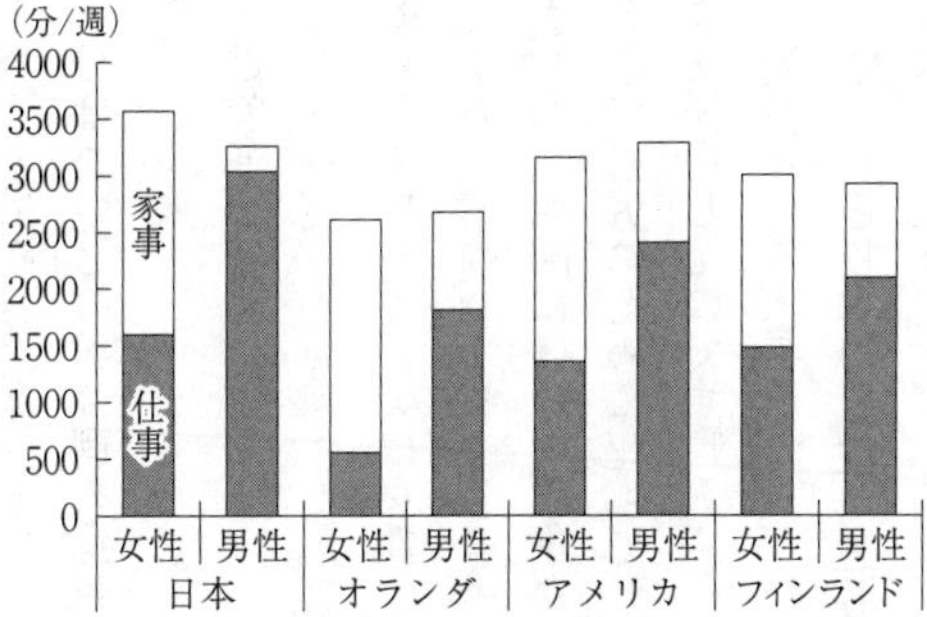

出所：田中重人「生活時間の男女差の国際比較」『大阪大学人間科学研究科年報』22号，2001年

図5-2　家事と仕事の時間の男女差の国際比較

意識」『家庭教育研究所紀要』八巻、一九八七年)。こんなところにも、家事・育児は自分のすることではないとの男性側の意識が垣間見えます。

過労なのは誰か

もう一点、この図5-2における日本のデータで注目すべきことがあります。それは、全労働時間を見ると、実は女性の方が男性よりも長いということです。二〇〇三年、オックスフォード英語辞典に「karoshi」という語が「過労のために死ぬこと――日本産」として採用されました。他国にはない現象なので、日本語がそのまま英語の語彙として採用されているのです。仕事で過労のために死んでしまうという現象が他の国にはないので、やむなくkaroshiをそのまま採用したのです。

過労死する人のほとんどが働き盛りの男性です。確かに、現在でも、長時間、猛烈な働きを要求される日本の男性は過労に違いありません。しかし、図5-2におけるデータは別の意味も示しています。データをよくみますと、男性よりも女性の方が労働時間は長いということがわかります。仕事もしているうえ、家事・育児もしている女性が最も働いているわけです。乳幼児をもつフルタイム女性がその典型でしょう。

彼女たちの働きぶりを考えれば、確かに過労に違いありません。ところが、彼女たちが過労死したなどという話は聞きません。確かに、彼女たちは時間的にも労力的にも余裕がない状況です。けれども職業をもちながら子育ても家事もしている女性たちは、その一方で、家事・育児だけに専念しているよりも、充実感や生活満足感が強いことを、くり返し述べてきました。

このことは、すでに述べた複数役割を担うことの重要性を意味しています。すなわち、単に過労であるというよりも、一つの仕事に追いつめられ、心理的に追い込まれることが、過労死にまでいたってしまうということです。したがって、仕事と家事・育児という、異質な役割を担う効用が、ここでも確認できるのです。

未来の展望をもてず、最悪の場合には過労死、過労自殺にまでなってしまう男性・父親の働きぶりは、子どものモデルにはなり得ないでしょう。最近、正規の職に就かず(就けず)フリーターを続ける若者や、就職してもすぐ辞めてしまう若者が増えています。こうした姿勢に対して勤労態度を問う声もあります。実際には、企業が正規雇用を大幅に減らしているため、若者の就職が困難であったり、逆に、正規の若手社員に過重な仕事が押し付けられているといった事情が、その背景にはあります。しかし一方で、親たちの世代、あるいは現今の男性たちが過労死にいたるような働き方をしている(させられている)ことに対して、自分はそうなりたくない、という一種の「抗議」としての側面もみて取れるのではないでしょうか。

「単一の仕事だけ」が損なう心理的健康

複数役割と心理的健康とが正の相関関係をもつことを念頭に日本の現状をみますと、一つのことだけしている男性が、心理的健康を阻害しても不思議ではないことがわかるでしょう。子の誕生を契機に、現在でも多くの家庭で、夫は働き妻は家事・育児という性別分業になります。そして夫・男性は仕事に追われ、家庭在留時間は短く、家事や育児に参加できないのが実態です。育児休業の制度上では、男性も育休が取得可能なのですが、実際には国家公務員で一・一%、民間では〇・五七%(二〇〇七年現在)という極めて低い取得率です(厚生労働省「平成一八年度女性雇用基本調査結果概要」二〇〇七年)。しかし、長時間労働にもかかわらず日本の職場における労働効率は低いのです。

人間の精神的緊張や活動は、そう長くは持続しないことは心理学がつとに実証しているところです。長時間一つのことに集中していると、時間の割に能率が上がらないばかりか、マンネリになったり、エラーが多発するなど仕事の質が低下することは、誰しも経験があるでしょう。労働時間が長いにもかかわらず、労働効率が低いのはそれが大きな原因であり、当然のことです。人身事故につながる現業で、厳密に時間管理が行われ、心身の休養が義務化されているのは、そのためです。事務的、管理的仕事は直接人身事故につながらないからか、勤務時間はあってもサービス残業さえ黙認され、長く会社にいる人ほど仕事熱心だと評価される風潮があります。人間の精神力の特質を無視した働き方・働かせ方です。

過労死はこの延長線上にあります。過労死が仕事だけに集中している男性ばかりである事実は、単一の仕事だけに過重に従事することの不健全性を端的に示すものです。

とまらない男性の働きすぎ

企業が、労働時間と労働効率の関係について知らないわけではないでしょう。それでも企業は生産性が第一であり、労働者も自らの成果の追求のために働き過ぎなければならなくなっているのでしょうか。男性が仕事と有能な稼ぎ手であることを自らの使命とも誇りともしている心理も根底にあるのではないでしょうか。

最近になって、共働き家族の研究は、有職の妻をもつ夫に焦点が当てられてきています。そうした研究によりますと、夫のストレスは妻が働くために家事・育児の負担が増えるからではないのです(日本では妻が有職でも夫の家事量は増えないのですから、当然かもしれません)。それよりも、自分の収入が家計の六〇%を下回る場合に、夫のストレスが強まるという結果が出されています。つまり妻の収入が自分の収入を上回ることは夫には望ましくなく、脅威と感じられ、そこでストレスが強まるらしいことを示唆しています。妻が働いたとしても、一家の稼ぎ手、稼ぎ頭は自分という気持ち——男性の稼ぎ手役割意識がここにはうかがえます。

『ファム・ポリティク』(五五号、二〇〇七年)という雑誌上で編集長の田中喜美子と経済産業省キャリア官僚の山田正人との「なぜ男の働き過ぎはとまらない?」という対談が行われています。この対談は、男性の働き過ぎとなる心理の一端を伝えており、興味深いものです。

山田は「人間、自分が評価される場所にいたいという気持ちがある」「職場では仕事で評価される」「男は働くのが好き」と述べます。「男は仕事」そのものであるという気持ちを吐露しています。そして、田中から「家にいるよりも労働現場にいる方が楽しいか」と問われて、「すごく楽しい」「すごく達成感がある」、そのため、「そこへ逃げ込んじゃうのではないが、ともかく楽しい」と答えます。「家庭責任を放棄してしまっている集団(男性)だから、そんな特権的なことが許されてるってこと」とも述べています。

少なくとも結婚して子どもをもつ女性は、いかに、仕事で稼ごうと業績を上げようとこのように答えることはできないでしょう。なぜなら、猛烈に仕事をして、達成感が得られ楽しいという男性たちの言葉の裏には、家族内ケアを一手に引き受ける妻の存在があって、はじめて成り立つからです。

最近、若い男性の間では「男は仕事・女は家庭」というジェンダー観を支持するものは少なくなっています。雇用の不安定さ、収入の低下なども、男性一人を稼ぎ手とする、これまでの体制を転換させています。しかし、それでも、企業の中に入ると、「男性は仕事」「男が稼ぎ手」という意識を変えることは、なかなか困難となってしまうのが、変わらない現状です。もっとも、これは男性だけの責任ではありません。女性自身が働くことが当たり前となった現在でも、結婚する際には相手の収入にこだわり、「三高」を理想とする風潮は健在です。こうした女性の態度も男性を稼ぎ手役割から逃れられなくしている一因でしょう。ともあれ、女性が「母の手で」という女性＝母親というジェンダーに依然として囚われているように、男性も男性ジェンダーに強固に縛られて囚われているのです。

しかし、ジェンダーへの囚われが女性では育児不安、男性では過度の職業へのコミットメントを生み、それがうつや過労死を招くほどのストレスを生んでいます。いずれも、偏った生活によって心の健康を蝕んでいることを直視しなければなりません。この心の健やかな発達という点からもワーク・ライフ・バランスの重要性は明らかです。

生活を大事にするか、稼ぎを大事にするか

ところで、先にみた生活時間調査結果(図5-2)を二種の総労働時間だけで比較してみますと、興味深いことが見出されます(図5-3)。

職業労働時間と家庭労働時間を比べてみますと、ほとんどの国で職業労働時間の方が長く、家庭労働時間はそれよりも短くなっています。労働時間が長くなる結果、家事時間が圧縮され

てしまうのだとみることもできます。あるいは、家事をなるべく短縮して、その分、収入の得られる職業労働に時間をかけているとみることもできます。おそらく、そのどちらかは、国によって事情が違っているのでしょう。

しかし、職業労働時間よりも家事労働時間が長い国があります。オランダです。家電製品が普及した現在、家事は時間を短縮したり、省力化したりすることが可能です。もちろん、オランダは有数の工業国であり、日本と同じぐらいに家電が普及しています。したがって、オランダの家事労働時間が長いことは、私たちと家事に対する考え方の違いを示しています。すなわち、家事は、簡単にすませるのではなく、時間をかけ、手間をかけてゆったりするといった、生活を大事にしている意識がうかがえます。有償で働くことよりも無償の家事労働を大事にしているということなのでしょう。

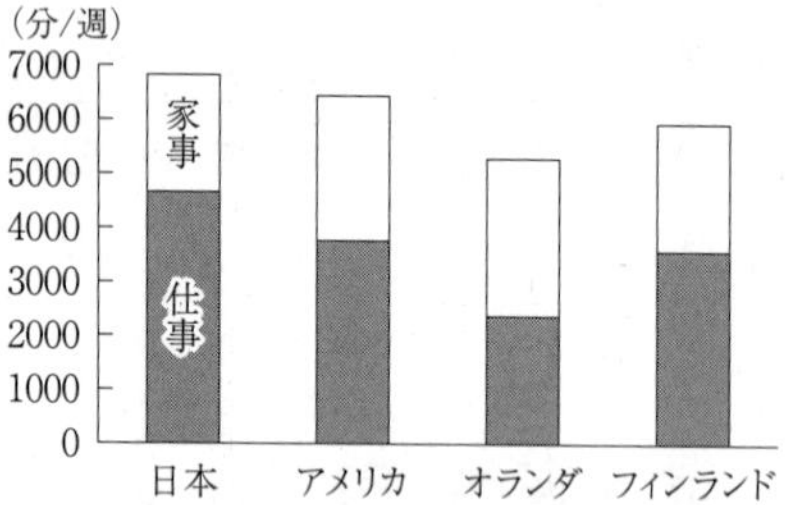

出所：田中重人「生活時間の男女差の国際比較」『大阪大学人間科学研究科年報』22号, 2001年

図5-3　二種の労働時間の国際比較（男女こみ）

オランダの雇用政策が、最近、注目を集めています。その一つは、パートタイマーやワークシェアリングが多いことです。しかもワークシェアリングを活用したり、パートタイマーとして働いているのが、日本のように女性に限らないことが特徴です。夫も妻も働く場合、二人で

収入を二倍にする(dinks)ことが目標ではなく、二人で一・五となればよいと考えます。めいっぱい働くよりも、家庭の時間をしっかりととるためです。こうした姿勢には、経済を第一と考えるよりも、生活を味わい楽しむことを大事にしようとする意識がうかがえます。

日本では、女性がパートタイマーをしている理由は、家事・育児のためという場合が少なくありません。一方、オランダでは、パートタイマーをしている理由として、「育児・家事の責任のため」という回答は一五%に過ぎないのです(Francesca Bettio and Janneke Plantenga, 'Comparing Care Regimes in Europe', *Feminist Economics*, Vol. 10, No. 1, March 2004. 品田知美『家事と家族の日常生活』学文社、二〇〇七年)。つまりパートタイマーとして働くのはまさにワーク・ライフ・バランスを確保するための働き方だといえるでしょう。これが定着している背景には、いつでも働き方を選び直せる自由があり、しかもそれが不利にならない仕組みがあるからです。

日本の現状はこれと対照的にみえます。有償労働や企業の生産性、経済活動が何よりも優先され、人間が生きていくために大事なもう一つの労働や生活がどんどん圧縮されてしまっているのです。その結果、ワーク・ライフ・バランスとはおよそほど遠い状態となっています。

ワーク・ライフ・バランスをどう確立するか

ワーク・ライフ・バランスの意味を、いま一度、再確認する必要があるのではないでしょうか。ライフとは、家事・育児など家庭のことをすることではありません。家事は生きるうえで必須の労働であり、ワークです。ライフとは勉強、教養、趣味、スポーツなど心身の成長・発達のための個人の活動です。こうした活動は経済と家事・育児といった生きるうえでの安定、すなわちワークの基盤があってこそ成り立つ活動です。家事・育児も、義務感や不公平感を感じることなく、また過重に負担とならなければ、ライフとして楽しむことは可能です。しかし、その条件が整っていません。男性は職業のワークを、女性は家事・育児、あるいは、それに加えて職業というワークを過重に担っており、男女いずれも、ライフを享受する時間も心理的な余裕もないのが現状です。

日本の課題は、まずワーク上の二つの問題を解決することです。すなわち、家事ワークのジェンダー・アンバランスの解消と、長すぎる労働時間の短縮です。その解決なしに、ライフを考えることは困難であり、ましてワークとライフのバランスはとうてい望めないでしょう。

最近、大手の総合商社で、売り上げや利益を伸ばす部署・個人を評価する従来の方式を見直し、どれほど社会に貢献したか、人材を育成したかという、業績では表せない面での努力や使命感などに重きを置くようになった企業があります。経済・利益が最優先とされる企業社会で、それらとは違った新たな価値を追求しはじめる動きといえるでしょう。

男性の中にも、仕事と家庭とをほぼ同じぐらいの比重で時間やエネルギーを投入する生き方をする人が現れつつあります。また結婚や妻の仕事、出産などの事情で、男性が転職や移住するケースも報告されています。結婚や子どもの誕生で退職や転職をするのが女性ばかりであった状況において、男性の中にこうした動きがみられるのは、生活に対する価値観の転換の兆しなのかもしれません。企業にしても個人にしても、こうした変化はまだ少数派ですが、今後の動向に注目したいと思います。

子どももおとなも育つ社会へ

これまで本書でみてきたように、子どもが育つ条件をつくるためには、おとな自身も発達し、成長しつづけることが前提です。その前提がない状況では、おとなが子どもの育ちを疎外することにもつながってしまいます。したがって、子どももおとなも共に育つ社会を目指す必要があります。

日本では、少子化が進行しており、子どもをもたないカップルも珍しくありません。そのことは、一方で、社会において、育児や子どもと交流する体験を少なくさせています。弱い者や自分とは異質な他者への寛容な態度、あるいは温かい思いやりの心などが育まれにくい社会になってしまわないかと、危惧します。子育てをしやすい社会への環境づくりは、子どもの育ちを保障するとともに、おとなの発達にとっても重要なことなのです。とりわけ、依然として仕事に偏りがちな日本の男性にとって、子育てという権利の保障は大切です。

こどもも、おとなも刺激を与えあい、自らの発達を促進し、社会を豊かにしていくこと――そうした視点が求められています。

あとがき

『子どもが育つ条件――家族心理学から考える』というタイトルをみて、「親たちは子をどう育てればよいのか、どう育てるべきか」などが主に書かれていると思われたかもしれません。しかし、本書の意図は少し違っています。本書は、私の専門である発達心理学と家族心理学の研究に基づいて、「子どもが育つ条件」だけでなく、「おとなが育つ条件」についてもかなり紙数を割いて扱っています。それは、以下のような事情からです。

発達といえば、子どもに限ったことと一般的には思われるでしょう。心理学の世界でも、子どものめざましい成長・発達は早くから注目されました。たくさんの研究が蓄積され、それらは、乳幼児心理学や児童心理学、青年心理学となりました。

ところが最近になって、研究者の関心にも変化があらわれてきました。すなわち、おとなになった後も、人の心や行動は、様々な体験を通して成長・発達し、さらにそうした日々の成長が人を活性化させ、充実感や幸福感をもたらすことが実証的に明らかにされてきたのです。発達は子どもだけでなく、おとなの問題でもあるという認識が生まれ、誕生から死まで全生涯を対象とする発達心理学が登場することとなったのです。本書の意図もここにあります。

　これまで、親はもっぱら「子どもの発達に影響するもの」という側面ばかりが強調されてきました。そのため、子どもの発達研究においても、「親や家庭が子どもの発達にどう影響するか」ばかりが盛んに行われてきました。

　しかし、ここには、おとなも成長・発達するという、「親の成長・発達」の視点が欠けていたのです。そして、同時に、子どもは育てられるものという立場にとどまり、子どもが幼いうちから、自ら積極的に外界を探索し、新しい知恵や行動を習得する力をもっていることも見落とされることとなっていたのです。

　もちろん、育児は子どものためになされるもので、それが子どもの発達に影響することも確かです。しかし、人間の親と子は単に「育てるもの（親）」「育てられるもの（子）」という関係にとどまりません。子どもを育てる（親をする）営みの中で、育てる者、すなわち親自身の心や能力も鍛えられ、成長するのです。まさに親自身の成長・発達です。家族心理学は、このことを重視し、親や家庭を、子どもに影響を与える存在としてだけでなく、「おとなの成長・発達」という観点から、統合的にとらえようとする点に特徴があります。

　私も「子どもの発達に母親のしつけや態度、あるいは家庭がどう影響するか」といったことについて研究してきました（東洋、柏木惠子、R・D・ヘス『母親の態度・行動と子どもの知的発達』

東京大学出版会、一九八二年)。しかし、そうした研究の過程で気づいたのは、母親自身の心理や発達などが不問に付され、母親は子どもへの影響者としてしか扱われていないことです。たとえば、日本とアメリカでは、母親の子どもへの態度に顕著な差がみられます。アメリカと比較すると、日本では、母親と子どもの一体感が強いという傾向が見出され、そのことは、子どもに温かく寄り添う母親の態度として、望ましいものとされてきました。しかし、当の母親はそのことに満足しているのだろうか、そうした生活に充実感や満足感を得ているのだろうか、といった疑問を抱くこととなりました。

こうした母親自身の発達が、研究テーマとして正面から取り上げられることは、ほとんどなかったのです。親自身が幸福感を覚え、心理的に安定していなければ、子どもにも安定した気持ちでは向き合えませんし、適切な育児もできないはずです。そうした考えなどから、私は、母親を一人のおとなとして発達する主体ととらえ、母親の心理に焦点を合わせた研究をしてきました。

では、父親の方はどうでしょうか。これまでも、親について膨大な研究がありながら、父親が取り上げられることは、ほとんどありませんでした。特に日本では、子どもの養育は、ほとんど母親が行っており、そのため、子どもの発達への影響という観点からは、母親ばかりが研究対象となるのは当然かもしれません。しかし、そこには、子の養育は母親の方がよい(換言すれば、〈父親は育児にそれほど重要な存在ではない〉という暗黙の知が、研究者にも働いていたのではないかと、私は疑問を抱きました。そこで、父親がいながら育児に参加していないこと、父親の育児不在が何をもたらすのか、さらに、親となっても〝親をしない〟男性たちの発達は、どのようなものなのだろうか、といった、これまでの家族・親研究では、見落とされてきた問題についても、本書では取り上げることになりました。

このように欲張った内容を盛り込んだ本書の完成には、岩波書店の田中宏幸さんに大変お世話になりました。本の構成へのコメントにはじまり、ドラフトを丁寧に読んでの疑問など、終始、心強い伴走者でした。それらは一般読者の立場と子育て中の親として、また職業人としての自身の立場を踏まえた具体的かつ説得的なもので、とても有益でした。改めて厚く御礼申し上げます。

資料の収集や図表の作成などには文京学院大学の田矢幸江さんのお力を頂きました。また白百合女子大学の大野祥子さんには、最初のドラフトを精読していただき、改稿に役立つ貴重な意見をもらい、最終稿への重要なステップとなりました。お二人のご助力に対して心から御礼申し上げます。

二〇〇八年六月

柏木惠子

柏木恵子

1932年，千葉県生まれ
東京女子大学文学部卒業，東京大学大学院教育心理学専攻博士課程修了．教育学博士
現在—東京女子大学名誉教授
専攻—発達心理学，家族心理学
著書—『親の発達心理学』(岩波書店)
『子育て支援を考える』(岩波ブックレット)
『父親の発達心理学』(編著，川島書店)
『子どもという価値』(中公新書)
『社会と家族の心理学』(共編著)
『エッセンシャル心理学』(共著)
『結婚・家族の心理学』(編著，以上，ミネルヴァ書房)
『文化心理学』(共編著)
『子どもの「自己」の発達』
『家族心理学』(以上，東京大学出版会)
『日本の男性の心理学』(共編著，有斐閣) など

子どもが育つ条件
—家族心理学から考える　　岩波新書(新赤版)1142

2008年7月18日　第1刷発行

著　者　柏《かしわ》木《ぎ》恵《けい》子《こ》

発行者　山口昭男

発行所　株式会社 岩波書店
〒101-8002 東京都千代田区一ツ橋2-5-5
案内 03-5210-4000　販売部 03-5210-4111
http://www.iwanami.co.jp/

新書編集部 03-5210-4054
http://www.iwanamishinsho.com/

印刷・三陽社　カバー・半七印刷　製本・中永製本

ISBN 978-4-00-431142-3　　Printed in Japan

岩波新書新赤版一〇〇〇点に際して

ひとつの時代が終わったと言われて久しい。だが、その先にいかなる時代を展望するのか、私たちはその輪郭すら描きえていない。二〇世紀から持ち越した課題の多くは、未だ解決の緒を見つけることのできないままであり、二一世紀が新たに招きよせた問題も少なくない。グローバル資本主義の浸透、憎悪の連鎖、暴力の応酬――世界は混沌として深い不安の只中にある。

現代社会においては変化が常態となり、速さと新しさに絶対的な価値が与えられた。消費社会の深化と情報技術の革命は、種々の境界を無くし、人々の生活やコミュニケーションの様式を根底から変容させてきた。ライフスタイルは多様化し、一面では個人の生き方をそれぞれが選びとる時代が始まっている。同時に、新たな格差が生まれ、様々な次元での亀裂や分断が深まっている。社会や歴史に対する意識が揺らぎ、普遍的な理念に対する根本的な懐疑や、現実を変えることへの無力感がひそかに根を張りつつある。そして生きることに誰もが困難を覚える時代が到来している。

しかし、日常生活のそれぞれの場で、自由と民主主義を獲得し実践することを通じて、私たち自身がそうした閉塞を乗り超え、希望の時代の幕開けを告げてゆくことは不可能ではあるまい。そのために、いま求められていること――それは、個と個の間で開かれた対話を積み重ねながら、人間らしく生きることの条件について一人ひとりが粘り強く思考することではないか。その営みの糧となるものが、教養に外ならないと私たちは考える。歴史とは何か、よく生きるとはいかなることか、世界そして人間はどこへ向かうべきなのか――こうした根源的な問いとの格闘が、文化と知の厚みを作り出し、個人と社会を支える基盤としての教養となった。まさにそのような教養への道案内こそ、岩波新書が創刊以来、追求してきたことである。

岩波新書は、日中戦争下の一九三八年一一月に赤版として創刊された。創刊の辞は、道義の精神に則らない日本の行動を憂慮し、批判的精神と良心的行動の欠如を戒めつつ、現代人の現代的教養を刊行の目的とする、と謳っている。以後、青版、黄版、新赤版と装いを改めながら、合計二五〇〇点余りを世に問うてきた。そして、いままた新赤版が一〇〇〇点を迎えたのを機に、人間の理性と良心への信頼を再確認し、それに裏打ちされた文化を培っていく決意を込めて、新しい装丁のもとに再出発したいと思う。一冊一冊から吹き出す新風が一人でも多くの読者の許に届くこと、そして希望ある時代への想像力を豊かにかき立てることを切に願う。

（二〇〇六年四月）